大展好書 好書大展

大展好書 好書大展

社會人智囊

10

與上司水乳交融術

秋元隆司 著
陳蒼杰 譯

大展出版社有限公司

序言

通常，辭掉工作的理由泰半是因為人際關係處理不當或太複雜所致。其中，又以與主管不合或不能信賴主管的例子為最的。

「我們的經理凡事總是只為自己設想，實在令人生厭。」

「我如此的賣力，結果卻得不到肯定。」

「處在那位課長之下，實在連一天都待不下了。」

的確，對於上班族而言，處在不值得尊敬或合不來的上司之下，是令人難以忍受的。如果，這種關係還得維持半永久性的話，則更加令人難過。

話雖如此，即使在人才濟濟的公司裡，也絕不可能依屬下的意願，馬上就更換主管或選你喜歡的上司來就任。要知道公司本身是組織體，而人事的問題多半是依據員工的效率及公平的分配之下，再由上層的考量，慎重地決定的。

凡是人都具有獨特的優點或缺點，不論上司或屬下都是如此。但是一般來說，人總是傾向於嚴厲對待他人的短處而包容自己的缺點，凡事往往只站在自己的立場，以圖求自身的方便，而忽略為對方多考慮或理解對方。因此，若能顧慮到這些問題，將想法和看法擴大範圍，則與上司之間的關係必能改善許多。

相信各位都非常瞭解，所謂的人際關係；尤其是上司與屬下的關係，不僅對於在公司裡的公事，同時對每個人的人生都有極大的影響，實是不容忽視的重要課題。

不論是誰，成為上班族後，為了能更完美的完成所交待的任務或是使自己的人格更加成熟，如何儘量與上司維持良好的人際關係，就成了不可或缺的重要因素。因此，當有嫌惡上司的感覺時，在反抗或避開之前，應先重新再次衡量上司，或冷靜分析事態，自我反省等，努力地嘗試看看才是上策。

本書著眼點在於如何與上司維持良好的人際關係，及以有建設性的方向為考量的重點。如果，當你對上司有憤懣或惱怒時，而能從此書中得到一些參考的資料或意見，筆者將深深感到萬分的榮幸。

目錄

第一章　上司與屬下的關係難維持

第二章 探討為何討厭上司

第三章 讓我們來聽聽上司的主張

第一章　上司與屬下的關係難維持

1 如何了解上司與屬下在實質上的關係

公司裡的人際關係相當複雜

如果能依投票或選舉的方式選出自己的直屬上司，那該有多好啊！但倘若這種方式真能實現，則公司在營運方面產生破綻的機率相對地也會隨之提高。因爲，以士氣低落的部下看來，他們所滿意的上司，與從公司（經營階層的角度）所期望的能幹的職員（上司），未必是一致的。

雖然，關於這一點大家都心知肚明，但屬下仍常會說出這些話來。

「真希望能夠在更好上司之下工作，那一定會提高士氣，增長業績的。」

「Y課長性情敦厚，很會體恤部屬，真令人羨慕。和他比起來，我們的課長實在相形見絀……。唉！真是太倒霉了。」

這就好比鬧彆扭的孩子所說的話——

「隔壁的K同學又買了新的電視遊樂器——。真羨慕啊！能了解小孩的父母實在是很好。」

「不要常常將養育之恩掛在嘴邊好不好，我又沒有要求你一定要生下我（下次有投胎的機會時，我一定要選擇自己的父母）。」

親子，上司與屬下的關係並不是依本人的意願而能夠結合的，其帶有一點命中註定的宿緣。所以，應以更具有建設性的態度去面對與溝通才是最重要。在兩者之間，若有一方產生了嫌惡之感，則很容易萌生糾紛的行爲與思想。而防範的手段無他，只要常保持看開一點的態度及接近對方的心情即可，其最基本的態度與概念是不能忽略下面所列舉的幾個事項：

①人與人之間本來就不可能完全投緣的。

②爲使人際關係良好，忍耐與關懷對方是不可或缺的關鍵。

③必須有若你對對方有嫌惡的感情，則對方必定也對你有相同的感覺的認知。

最後，爲了公平起見，我們也來聽聽上司這方面的主張與想法。

「上司與屬下之間的關係，實不能忽視投緣的問題。當人事可以調動時，我要求經理可否將A某人一起調走，然而經理卻以喪失全體運作的平衡爲理由加以拒絕，因此，工作變得很難推行。」

「這一次人事的調動實在太不理想了，我只能解釋說把壞的都調到我這裡，好像完全沒有考慮到我們當主管的需求；說不定人事部經理對我有什麼不滿或怨恨。」
「偶而會聽到年輕的部屬對我們的不滿，其實，我們也沒有選擇他們的權利，實有難言之隱，上司與屬下都應該要互相體諒才是！」

檢討
□上司與屬下都應有知道互相不能選擇對方的共識。
□和上司在一起時，儘量努力地克制自己。
□對上司儘量維持良好的感情。

雖然厭惡上司，但必須瞭解這也是一種緣分

有句格言說「世上一切事情都有註定的因緣」。尤其，上司與屬下之間的關係絕非只是萍水相逢的緣分而已。若仔細推想，便會發現能出生在同一個時代，同一個國家，服務於同一家公司等，實是由好幾個偶然所累積而成的啊！
而要將這些偶然看成為正負兩面，則端視當事者的心態；亦就是說，若你重視這份相

遇之緣，且抱持著珍惜的想法來處事，則與對方的距離將會縮短；反之，一開始就對對方產生反感而採取毫不在乎的態度，則彼此的關係將無法改善。前者的樂觀主義會使人生開朗光明，而後者的悲觀主義（强烈的被害者意識）將致使人生籠罩在陰影之下。

以屬下的立場而言，上司就是比自己權限大的人；亦就是職位、年齡、經驗、業績比自己高，能夠考核自己成績者。儘管想去毀謗主管的能力與人格，仍是沒有辦法改變這種依年功序列的社會習慣。

升遷多半是要依靠年資順序才能慢慢的爬升，不可能說變就變。因此，如果你堅持反對此制度，則會被視為責難上屬部門之人事方針；更極端的說，即是意味著：如果你那麼討厭上司，那就自動辭職吧！

因此，不論你的上司是否是令人討厭的人物，最好抱有「這是前世註定的緣分」的心態，努力成為主管所認同的好部屬才是最明智的方法。而所謂的好屬下即是：

- 徹底扮演輔佐上司的角色，成為上司的左右手。
- 不要傷害到上司的優越感。
- 常以客氣的態度禮讓上司。
- 對於上司的勞苦或煩惱，以言行深表同情。
- 對上司儘量加以支援與協助。

檢討
□認爲和上司的關係是一種緣份而加以珍惜。
□年功序列的制度不是一時之間便可廢除。
□努力地想成爲忠誠的屬下。

想超越上司的地位而升遷的機會幾乎是零

「我們公司爲何不引進二級升遷或三級升遷的制度呢？」

「你說如果有這種制度，你就有自信特別被提拔嗎？」

「雖然我並沒有完全的自信，但是不能保證沒有那樣的機會啊！倘若如此，我就能升遷爲副理，課長就成爲我的屬下，只要一這樣想，我就會很興奮。」

「既然你這麼說，也有可能會被貶職二級。此時，我們是處於最基層者，怎麼還會有再降級的機會？」

曾經有過六級特別升遷的消息在當時成爲衆所談論的話題，但這是在特別狀況下發生的例子，在正常的制度下是不可能發生的。尤其是在於經理地位以下的階層，想要一次升二級的機會可說少之又少。因此，如前所述的像爬階梯般一級一級的依靠年資慢慢升遷的想法，才是最實際的。

這種狀況，就宛如在陡峭的山路往山頂一步步的攀爬一般，上司在前，屬下在後。以屬下的立場而言，有時上司會成爲絆腳石或遮掩視線的障礙，有時甚至會把小石子或砂石撥落在你身上。

「如果沒有這位上司的存在，我可以很快地便爬上山頂——。真希望角色能夠互換啊！」

「上司休息或走路總不定期，連帶的我也受其影響，實在讓人覺得厭煩。」

「上司囉嗦的令人生厭，如果他沒那麼嘮叨，而能夠伸手來援助一下我們，那該有多好啊！」

但是，不管多麼的埋怨上司，除了將他推落谷底之外，似乎是不可能超過上司的。因此，爲了想要趕快爬上山頂，只能靠從後面推上司一把的方法，加快走路的速度，才是上策。以此方式不斷的前進，直到你（屬下）開始勞累的時候，上司一定會伸出手來拉你一把，像這樣二人三腳同心協力相互扶持，才是升遷的最佳良策。

支援與協助上司最具體的方法爲：

•對上司所交待的事，樂意接受且全力以赴。
•有好的意見或提案，要提供給上司作爲參考資料。
•將成果與功勞儘量歸屬於上司等等。

總而言之，就是儘量地協助你的上司升遷；自然，你的上司便會心存感謝，而順便提拔你，關於這點是不容置疑的。

檢討
□不要扯上司的後腿，而是幫助他往前進。
□努力將上司往前推。
□將上司視爲自己升遷的拖車。

因為是同一公司的同事，所以才會懷恨對方

不論是什麼公司，都會有經營活動，難免需與外界的顧客或其他公司頻繁地交涉，但這並不是意味著組織完全向外界開放。反而因爲所屬關係（被雇用或員工的關係）或拘束

（受服務時間所限制或必須參加公司例行公事）等，在精神上有被束縛之感。同時，在沒有重大理由的情況下，是不能輕易的辭職或改行；有關在公司裡的不滿或惱怒等，也不能隨便地向其他公司的人吐露。因此，將公司視爲一個封閉社會的看法並非錯誤。

「我昨天晚上夢見勒死股長的夢。」

「現實與夢境多半相反，說不定不久後會被股長開除，所以必須做事謹慎小心，否則會鬧出問題。」

「我覺得在夢裡能打課長是一件很痛快的事。每晚就寢時必準備球棒在床邊，希望課長能出現，再以其擊之，但從未作這種夢。」

雖然這些都只是玩笑罷了，但像這種帶有暴力傾向的談話實不應常提。

每當在報章看到連合赤軍（暴力團）事件，學校裡所發生的暴力行爲，以及永田町事件的時候，總會令人切身感到閉鎖社會的恐怖。爲了要防範諸如此類價值觀的偏差及理智喪失的手段，應該常將視野向外拓展，自我反省才是。

憎惡上司或討厭部屬等的情感，多半是只活動於閉鎖社會的緣故，才會引起這樣的現象。倘若不是直屬的上司，而只是其他公司的職員或是住在附近的人，則百分之九十九可能可以建立良好的人際關係。換個角度來想，假使認爲上司（屬下）都是屬於同一家公司的人，而非敵人，以此爲出發點來處事，則必然能建立良好的人際關係。

檢討
□經常顧慮到公司以外的狀況與情報。
□常把上司視爲獨立的個體加以觀察。
□須認同上司是自己的前輩。

上司也會有所不滿

正如屬下的想法一樣，上司對於無法選擇的屬下，也會有感到無奈與不滿的時候。倘若能解除上司慾求不滿的狀況——即成爲上司所喜歡的屬下，彼此將能建立良好的人際關係。

其實上司也同你一樣有慾望的，所以必然也會强烈地期望能有調薪或升遷的機會。因此，會全力以赴的去執行他自己應盡的職責與任務；即若是部長則針對部，課長則針對課，盡力去完成他在公司裡所擔負的上司的職責與任務，以達成預定的目標，可能的話，還必須達到比上級所期待的更高的業績。由此便可推想上司爲何要選擇可以幫助他達成目

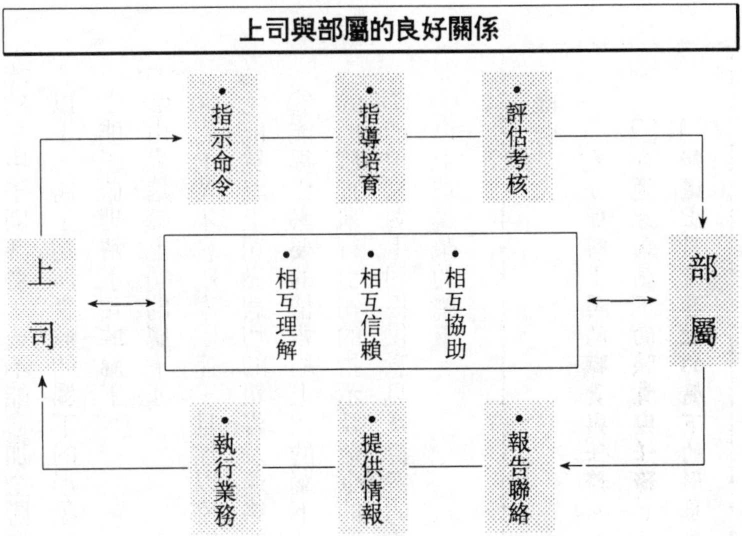

標，提高業績有所貢獻的屬下了。

另一方面，站在屬下的立場來看，不論何人來接掌上司的位置，對其而言任務都不會有所改變的。如果沒有辦法達成目標，屬下同樣也會遭到上司的反彈，除了會被瞧不起外，獎金可能也會比平均更少。

「全部的責任應由課長負責才是，爲何我們要受到責難？」

「對啊！我們不過是依課長所交待的去做而已。」

「雖然很不願意，我們還是加班了，也很努力，但結果只領到這麼少的獎金？」

在沒有達到目標，業績不振的情況下，不論多麼埋怨，在公司裡都是行不通的。以棒球來比喻，上司就是教練，屬下就是選手。雖然，戰敗的責任是由教練負責，但是不能夠至甲子園參賽，或不能參加全國連賽的不甘心與影響力，也同樣使全體選手受挫。

以下，將上司所喜歡的屬下的形象，依一般論（理想論）加以介紹。

①能正確理解上司的屬下。
②由衷信賴上司的屬下。
③對上司不會陽奉陰違，且加以協助。
④能夠對上司做適切的報告及連絡的屬下。
⑤能提供必要的情報給上司的屬下。
⑥能確實執行上司的指示及命令的屬下。
⑦能坦誠對上司提供意見及提案的屬下。
⑧以上司爲榮的屬下。

檢討

- □充分理解上司的職責與任務。
- □自覺身爲屬下的職責與任務。
- □知道上司所喜歡的屬下的形象。

2 想法不能太過於悲觀

三～五年內人事總會變動

既然公司是一種組織，必然是由多數人所形成，各部門都配置有負責人，而有效率的營運業務。所以，除了董事長之外，任誰都只是屬下的身分。

由於如此，認爲能在好的上司底下工作的想法實是人之常情。但人事的決定權在於上級部門，所以，不論你喜歡或討厭上司，都不能加以埋怨。隨之，便會產生慾求不滿（上司也是如此）。像這樣的例子，幾乎已成爲所有公司裡的家常便飯，不斷叢生。因此，下班後往往會至酒吧喝一杯，以舒解鬱悶之情。

「真是再壞也不過了！我以爲不可能會發生的狀況，但很不湊巧的，偏偏那個人就被調升爲我們的課長，我們的老闆實在太没眼光了。」

「你聽我說吧！原本我很高興能如願以償的被調到宣傳部，可是當我聽說新的宣傳部部長是A某人，以前我和他之間有嫌隙，所以一定會被他整得很慘。」

「我也如陷入地獄般地渡過了五年了。我和我的股長都沒有調動，第三者或許會說我們是最好的搭檔，但實際上不過是冤家路窄罷了，搞不定到退休爲止，還會維持這種現況呢！」

有句話說「盛者必衰，會者定離」，除了規模較小的小公司外，很少會由同一個人經常佔住上司的地位的。普通多是三~五年的期間便會換人。譬如，因爲上司本身個人的因素而辭職，或因病請長假，申請調動等的可能性極大。或由於景氣好，公司擴大業務，經營多角化而設置更多的部門等，都會影響人事的流動。由表面上看來，人事的升遷彷彿停滯一般，但在某種刺激之下，人事的交流也會變得很活潑化，有關這種現象時可見聞。

既然如此，屬下方面的調動也會很快。服務是長久的，若只爲三、五年中不如意之事而焦躁、埋怨，則太不值得了。

「被調到最討厭的上司之下，真令人失望啊！再沒有比這個更壞的搭配了。我期待下一次能遇到好一點的上司，趁現在多多努力吧！」

「我寧願和討厭的上司一起工作，也不要領失業保險金度日，或許這正是個學習的好機會啊！」

以因禍得福這句話來形容這樣的狀況或許太誇張了些，但若能忍耐且克服自己，對精神修養方面，非常有效果的。不要因爲討厭就牽怒他人或想要逃避，否則任誰當上司，你都會沒辦法打好人際關係而和平相處的。

檢討

□你有否因爲上司的事情而抱怨過。
□有否因人事的不滿而自暴自棄。
□雖不滿上司，仍需多加忍耐。

是「惡意」或是「愛的鞭子」

人是有理性的動物，同時也擁有推理和想像的能力，換句話說，就是擁有洞察力。話雖如此，最大的缺陷仍在於凡事只思考自己的方便，或只依好惡的感覺來決定事情。因此，若沒有以冷靜的態度或客觀的立場，便貿然對應事物，往往容易引起後悔而無法彌補的誤解。

惡意與愛的鞭子很難從外觀上來判斷。因此，將愛的鞭子誤解爲惡意的情形常會發生。有時，也會將惡意視爲愛的鞭子。像這樣的狀況，無論在家庭，學校裡都會引起嚴重的問題，尤以縱割型組織的公司裡的上司與屬下之間最容易發生。

「B君，這份文件不合格，你寫的字應該要使人容易閱讀看得懂才行……。」

由於被批評字跡不工整而心中不悅的B君，覺得他的字爲什麼人家會看不懂？但既然上司這麼說，只好再重新寫五張報告書吧！

「這份文件是要讓他人看的，所以要冷靜且仔細地去寫，字跡亦要明瞭，所以再重新寫一遍。」

這位課長到底在神氣什麼——B君真的火冒三丈。

「字還要稍微工整一些，至於這表則不通過，你應該要仔細思考後再寫表的，否則像這樣，一點參考資料的價值也沒有。」

「還不行啊！項目區分得不清楚，計算的數字也沒有對整齊。」

「這一類的表，不論直的橫的都要有小計及合計才行，這是一般的常識，你應該要有熱誠的心去參考類似的表，多加學習才是。」

B君這份文件直至第六次才及格，在這當中有好幾次他幾乎快爆發不滿的情緒，但他覺得不論上司有多惡意，他仍不服輸，咬緊牙關拼命忍耐。如此的情況，其後也仍發生，但隨著對工作的熟稔，被指摘的次數相對地便減少了。

「由於當初被嚴格的指導，因此，工作比同事做得快且正確。同時，在同期服務的新人中，最快升爲副主任，其後也一直很順利。在這過程中，我發覺上司的態度不是惡意，而是愛的鞭子。所以，我認真埋首工作，現在我視那股長爲大恩人而心存感謝。」

如果當初B君太單純的認爲上司是惡意的而感到挫折的話，就不可能會有像現在每天好像很快樂的訓練屬下（揮動愛的鞭子）的B課長存在了。

但是若將上司的惡意錯覺爲愛的鞭子，而一直忍耐奮鬥的人也決不會吃虧，因此，還是將一切視爲愛的鞭子吧！因爲不管是哪一方，其結果都對自己（屬下）本身有助益的。

檢討

□把上司的磨練視爲公事的一部份而加以忍耐。

□將上司的惡意也視爲愛的鞭子。

□努力培養可以辨別是非的能力。

無法勝過上司是想當然的

雖是上司與屬下的關係，但彼此都會有情緒的，所以偶而難免會產生摩擦。然而最重要的是，在產生摩擦之際，絕不能演變成爲不可收拾的局面。因爲，上司的職位高，權限大，所以絕對無法取勝。既然贏不了，自然是避免爭執發生爲妙。

當處於無止境的爭論狀態，或是火藥味太重時，屬下應先發出休戰的信號。如「我已經了解了」、「真對不起」、「——（沈默）」等的方式，以待一段時間的冷卻。不論是迴避，轉移目標或是隔一段時間等的方法，都有助益於上司（或彼此）吵架的能量釋放。

曾有格言云「無理行得通，道理就行不通」（邪惡當道，正理無存），「棄名取實」等。以屬下的立場而言，理論或吵架輸給上司實無所謂——即情願屈於下風，選擇輸的那方——以在表面上雖輸給上司（禮讓之美），但實質上卻獲勝的手段較爲明智。

屬下所獲得的實質上勝利的內容如下：

- 將上司視爲負面教師，引以爲誡。

對上司論理的矛盾，不甘示弱的堅持己見，或利用權利來强迫屬下的態度，都能冷靜的觀察，學習身爲上司時所不應有的言行。

- 使上司的自尊心獲得滿足。

任誰都想滿足自尊心及好面子，只要能滿足這項需求，便會對對方產生好感。

- 凡事應多思慮該採取什麼手段。

爲了能真正取得勝利的成果，應培養思考的習慣。

檢討

□欲起爭執時，應立即加以避開。
□故意裝成弱者，並非是一種卑鄙的行爲。
□雖爭執輸了，但要取得實質上的勝利。

難道令人討厭的上司，就沒有值得學習的地方？

不論上司是多麼令人生厭，毫不加以理睬實是不對的，若仍是堅持如此，則最後吃虧的將是自己。姑且不論屬下是否如此希望，仍必須瞭解我們只能踩著上司走過的那條路才能夠升進。因此，把臉孔朝向上司吧！努力去汲取各種不同的經驗，才是上班族應有的態度。關於此點，實毋庸再多置疑。

「和股長談話，好像近朱者赤一般真令人厭煩，最近我總閃避他。」

「某主任實不值得去學習，我仿效幾次之後，總是吃虧，所以現在已完全漠視。」

「只要再忍耐一點就好，試著不加以反抗，一切都唯諾接受，看見也裝成沒看見，聽

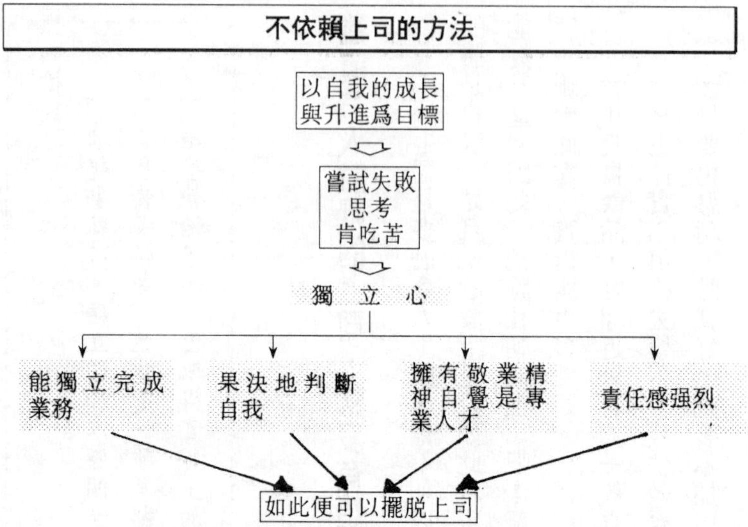

見也當成沒聽見。」

無論從那個角度來看，都有典型的三不職員（不休息、不遲到、不工作）及三無職員（無精打采、無關心、無責任感），但只維持這樣的態度，絕對無法提高能力。

雖說遲早會和上司分開，但只是一昧的忍耐實在太無意義且可惜。因爲無論是哪一類型的上司，都可從他那裡學習到許多事情，不論是好是壞。且事態往往有所轉變，隨時可能會接到命令要你暫代上司的職務。如果在當時你忽略了學習的事項，不但無法勝任替代的角色，同時公司方面也會以你努力不足爲理由，認爲你沒有能力，而影響你往後的升遷。

再者，爲了不會因錯失良機而後悔莫及，則應該隨時有心理準備去代理上司的職務，平常須全力以赴地由上司身上學習各種事務。以棒球選手爲例，也可發現類似的情形。有些選手雖常坐冷板凳，但必須有隨時準備接受教練的命令而下場比賽的心理；且經常認真的觀察比賽過程的選手，日後，必有成爲優秀選手的希望。

「經常做身心上的準備，以便隨時能出場代打。同時，爲了對應對方的投球變化，經常在休息區練習揮棒。」

「在心理上假想自己是教練，以遇見什麼場面應用怎樣的對應方式之心態來觀察球賽。」

「外角線低球是我最不擅長打擊的，所以經常觀察擅打這路球技者的姿式，且加以研究。」

總而言之，其大要者乃須具有早日「脫離上司」的獨立心態。

檢討

- □由上司的態度，去學習各種事物。
- □上司的缺點也可列入學習參考範圍。
- □經常努力做隨時都可能替代上司的準備。

你是否有將憤怒壓抑於內心？

如果一討厭上司便向外發洩，實是極不成熟的作法。

俗話說禍從口出。一旦話說出口，假使不是真心說出，也會被誤解爲是你的真意。而且太過露骨的反抗態度，只會徒增與上司之間的摩擦。

瞧不起屬下，或沒考慮到他人的立場，言行傲慢的上司，職員想加以反抗的心態可想而知，但凡事仍應保持大人的智慧去對應才好，即儘量控制憎恨而加以包容。不過一味的包容，對心理的精神衛生上並沒有好處，所以可以將這種情緒轉變爲「走著瞧吧！總有一天我也會令你刮目相看」的心態與精神，繼續努力。

「（你一直瞧不起我無所謂，可是我一定要讓你知道，經過三年後就會增長三歲的事實。）」

「（我還以爲你不會再生氣了呢！將來我一定成爲一位屬下敬重的上司；就以課長爲他山之石，徹底的磨練自己吧！）」

（別那麼神氣的對待下屬。我會腳踏實地的培養實力，總有一天要讓你刮目相看。）」

然而只是心中有這種意念實是無濟於事，話雖未說出口，但必須實際付諸行動，才能夠提高自身的價值，關於此點是不容忽視的。

對於要實現與對應的具體事項及方法——希望、夢、計劃——能夠的話，可以書寫在一張大紙，貼在牆上，日日警惕自己，勇於革新。如果認爲這樣太誇張，也可以在每早大聲唸出提醒自己要達成的目標，或在心中默唸。

此法不僅應用於與上司的關係上，同時也是自制，克己和與人之間建立良好關係的潤滑劑所不可或缺的因素。

檢討

□對上司生氣時要能克制自己。
□能爲三年後的夢想而努力。
□經常存著總有一天會讓上司刮目相看的氣概。

3 如何扭轉劣勢

依靠異想天開的想像來調劑情緒

倘若真與上司起正面衝突，則身爲屬下者多半無勝算的機會。有時，很顯然是上司不對，但仍必須被强迫接受上司的意見或不合理的作法。

當碰上這種狀況時，雖然心中很不平衡，但是長幼有序，只好想開一點或以其他方法緩和衝突。總之，儘量保持好心情才是最聰明的作法。

假使見到上司公私不分的作法或被斥責時，不要馬上表現出憤怒，可以試著以同情上司的立場來爲其設想。

「（其實，不過是一點小錯罷了，上司怎麼會如此憤怒呢？心胸未免也太狹窄了吧！不過據内幕消息透露，上司可能是因爲其薪水太少，生活又不太如意，才會如此易怒。所以，下次我們同事間要喝酒時，就邀上司同行吧！）」

「（指責屬下不過徒增對方憎恨而已，這表示課長可能也沒遇到好的上司，或是因爲家庭環境的因素……。)」

「(其實股長也是很倒霉的，擁有像我這樣的屬下——不知道我這種想法是否正確。)」

雖然要這樣做有些困難，但努力把事情解釋爲好的方向也是可行的方法之一。

「我想，他的目的一定是想好好地訓練屬下。」

「主管在他的上司或其他部屬面前，不得不大聲漫罵，但他的心中一定覺得很愧疚。」

「把責任推卸於屬下身上的上司最差勁，且一定是人格尚未成熟。」

當你遇到不滿時，不要只是抱怨，與其憤怒不已，倒不如作一些異想天開的想像和推測來緩和衝擊，將一切不如意的事情莞爾視之。

「爲何今天上司會這樣嘮叨不停?可能是在上班前與太太吵架，被她唸了一頓，才會將氣牽怒於我們。」

「上司可能有强烈的慾求不滿哦!雖然常牽怒於我們，但對女性卻是甜言蜜語。」

「責罵屬下時的面孔看起來真是面目可憎。不過，聽說他很色的，我倒想看看他在引誘女性時究竟是什麼樣的表情。」

「上司在家裡也會那麼囉嗦嗎?是否是因爲在家裡被太太或孩子所冷落，所以在公司時才會隨便動怒以發洩他的不滿。」

當碰上上司令人討厭的言行或遭到過分的漫罵時，切記控制自己，不要任意加以反抗或反駁。或許你可以仔細觀察上司的表情，譬如說數他臉上有幾顆痣啦；他額頭的形狀、耳朵、鼻孔又是長什麼樣子；或是罵人時嘴唇動的模樣，如此一來，對抑制憤怒有極大的助益。當然，上司長得好不好看自是另一回事，但這種有趣的觀察舉動，至少會使激動的心情稍緩下來。

檢討

□儘量避免和上司正面衝突。

□避色踏入上司所設下的陷阱。

□瞭解如何緩和上司所施予的衝擊的方法。

上司與屬下是一種「夫唱婦隨」的關係

「經理的思想太古板了！」

「簡直是食古不化，落伍過時嘛！應該要多瞭解我們年輕人的價值觀，而推及到公司內部的營運才是。」

「我也很不滿課長的作風，他應該站在屬下的立場來設想的。完全只是以命令的形態強迫的方式，實在令人相當反感！」

這是在任何一家公司裡，最常發生的人際關係的模式。所以，對於在酒吧或下班時段的電車裡，聽見這樣的抱怨，幾乎沒有人會特別注意的，可說已成爲不值得抱怨的抱怨了。通常，會這樣抱怨的人，多半是認爲上司沒有顧慮到屬下的立場，才會使兩者的關係不能圓滿。但以此理由而抱怨並不全然是公正的。

所謂的夫唱婦隨，多半帶有爲人妻者順從丈夫的意味。男尊女卑通常表示夫婦間關係的差別。以此來比喻上司與屬下的話，上司爲「夫」，屬下爲「婦」，是想當然耳之事，反之便說不過去了。

「個人應盡的職責是以公司整體性爲考量所決定的，因此不能以個人的方便爲優點，任何計劃都是如此的。」

「即使只是小小的課也是一種組織，所以如果允許每個人隨意行動的話，則沒辦法保持秩序。」

「並非是隨便要你們留下來加班的，如果能事先預知要事，定會馬上交待處理，但因爲這是突然發生的事件，所以才要你們留下來處理。」

總而言之，並不需要哪方去配合哪方，而是要站在對方的立場多爲他人設想，才是應盡的職責。

檢討

□應避免爲了自身的利益而強迫他人。
□還是以屬下來配合上司的需要才是合理的。
□儘量站在對方的立場爲其設想。

徹底地相互了解

爲了使上司與屬下的關係能夠更爲融洽，則絕對不容忽視相互理解這一環。

「事前，我一直不知道你的想法是那樣的，所以我以爲你會贊成第三個方案。」

「真是料想不到，C君在這領域的造詣如此精深，如果早知道的話，我絕不會同意他的調職。」

「坦白說，我覺得他好像背叛了我，我知道他的工作慾望很強烈，但沒想到他那麼不負責任。」

上司對屬下先入爲主的觀念和誤解，容易招致其沮喪、失望，甚或激怒的感覺（反之，屬下對上司的看法往後再述）。因此，身爲下屬者應努力積極避免上司有這種念頭的產生。

首先，需讓上司瞭解的便是屬下的個性（Personality）——更具體的說就是有關能力（知識、技能、智慧）、性質、性格、想法（價值觀）、意願等。爲此，適時的向上司推銷自我（屬下本身）頗爲重要。不過，雖說必須推銷自己的優點及擅長的領域，但也不要特意地去隱瞞既有的缺點或較差的能力。

倘若在推銷自我時超出了宣傳的界限，則將會變成自傲而招致反感，帶來負面的影響。同時，亦要避免自己所擅長的能力明顯的超越上司，應以最自然的方式讓對方了解。並且，懷有隨時爲上司效命的心態，適切地傳達訊息予上司。

雖說要自我宣傳，但又不便以文件的型態傳達給上司。通常，都會利用以下的方式使上司理解。

• 以實際的業績來表示

透過工作的成果來宣傳自我往往是最妥善的表現手法。那對於工作的處理方式或應達到的業績中，自己能有什麼展現，能做到什麼程度，採取何種方式等，能確實地讓上司瞭解。

•讓上司有安全感

贏得上司的信賴，瞭解你的優點在哪？充分表現出你懂分寸，不會有越俎代庖的行爲，且具有强烈的責任感。

•引人注目

透過對話或公司內部的報導，對專長以外的能力或公司外緣的人脈等，以最自然的方式，適切地做自我宣傳。

檢討

□對自己的優點或專長適時且合宜地加以宣傳。

□須顧慮到自我宣傳不能太過自大或得意忘形。

□誤解和偏見可以依靠實績來解決。

道歉的要領

所謂的道歉便是承認自己的錯誤而賠不是或謝罪。

賠不是是當不能夠完成預期的成果，或困擾他人，或有過錯及失敗時，所應該做的事。而謝罪則是當侵害或禍及他人，違反規則及約束，做犯法或歹事時，才需要表示的行動。

我們都是平凡的人，若說我們的言行舉止是一連串的道歉所組成的，實一點也不爲過。或輕或重，一天總免不了要發生好幾回。但我們仍能快樂的活在這個世上，則表示我們的道歉，對方都能予以寬容地接受的原因。可是，有時仍會惹出問題，或傷到人際關係，這乃是因爲道歉的方法不恰當所致。

而上司與屬下之間的關係也是如此，倘若道歉的方法不妥，則將會招致對方的怨恨或憤怒，甚至叱責或懲罰。

通常，適當的道歉方式有①讓它去吧！當作沒發生過，②和好如初、重修舊好，③能再順利的進行事情等——不可或缺的要素。道歉可說是國與國之間，社會生活，團體生活等最重要的課題之一，自然也與上司與屬下之間的關係有密不可分的關連。

高明的道歉手段列舉如下：

①在被叱責或警告之前，由屬下自發性的去道歉；因爲事後再道歉，效果往往減半。

②藉適當的言辭由衷表達歉意。倘若心有不甘的去道歉一定會被察覺。同時，儘量在多數人面前道歉效果更大。

③有時，並沒有理由道歉；然因爲證據不足，連帶責任，抑或是爲顧及同僚或上司的面子，還是道歉較爲妥當（此種情況亦是一種極高明的道歉方法）

檢討

□自發性的去道歉。

□由衷誠懇的去道歉。

□知道在什麼場合、什麼地點、什麼時間道歉較佳。

對上司不可有熟不拘禮的態度

馴熟——親近、混熟。

合謀——通謀、勾串。

狎暱——過份親暱、嬉皮笑臉。

前面所列舉的乃是引自辭書中所解釋的各種有關親密的相近詞句，一看便知皆有不同的含意。不過箇中差異只是某些程度上的不同罷了，且後者的狀況似乎較前者來得不理想，彷彿正暗示著當人際關係的程度加深時，相對的便容易超越所應遵守的禮節，此乃人之常情。至於親密過度而失禮者則稱為「狎暱」。

一般而言，動物都有討厭其他個體接近的習性，一旦其超越一定的限度，就會採取攻擊的行動。

通常，彼此接近的最短距離是乳兒與母親。但隨著個體的成長，其距離會愈來愈遠，人亦是如此，我們不應忽視個人在精神上的接近容許限度，一旦超越了尺度，即使是上司與屬下，也會產生摩擦。

「稍微對你好一點，馬上就得意忘形——。你把上司看成什麼人啊！」

「雖我曾經說過大家可以不要拘禮，但總要有一定的限度——。在大夥都在場的情況下，你竟然直呼我綽號，實在有些過分。在公司裡，只有董事長敢叫我阿熊，你（屬下）雖因喝了一些酒才會失態，但我絕不原諒你。」

「雖然翌日是假日，但是也不能隨意地在星期六晚上九點多左右，不事先通知的便三人結伴到我家喝酒，實在太不禮貌了。由於如此，我妻子至今仍一直在鬧情緒——。」

像這樣熟不拘禮的態度，原以爲對方是我們的上司，或過去一直被允許這麼做，所以稍微的越禮逾分便認爲其應該會加以包容，因而才貿然地行事。同時，因爲輕視或蔑視對方的結果，也會惹上司生氣。然而事已做出，後悔也來不及了，只好恭恭敬敬地親自去道歉，以後便順其自然吧！

「因爲得到允許可以招待顧客，所以才帶他們去以前經理曾經帶我們去過的一家銀座酒樓喝酒，可能因爲費用太高的緣故，經理相當的不高興。」

「由於喝醉了酒，才會口不擇言，如此放肆，可是上司竟然會如此生氣，真是出乎我的想像，還說什麼大家都可以不拘禮節呢！」

「沒有原因的突然很想打麻將，我們三人都一致認同去課長家最合適，可能未事先以電話通知獲得允許的緣故；可是課長常說隨時都歡迎到他家坐坐的話啊！」

事發後才如此辯駁已經於事無補了，應早在平時就要拿捏好尺度該設在什麼位置（即不能逾距的那條線在哪）。

當發覺上司的表情突然轉爲不愉快，回答頷首較模糊，毫無理由的沈默下來，或話題突然轉變時，應該就要反省看看自己是否超越了不應該逾距的那條線。另外，當感覺到上司的態度較以往冷漠或不親密時，應反省自己是否有了越軌的行爲。

但如果你絲毫看不出或沒發覺上司態度上的轉變，則那位上司只好自認倒霉了。

檢討

□經常自覺到熟不拘禮的限度。

□在談話中，能夠察覺到是否喪失分寸。

□如果傷到上司的自尊心，則誠心向其道歉。

第二章 探討為何討厭上司

1 無法尊敬上司的人格

上司的價值觀搖晃不定

爲了想取得某東西（實現），可以付出的犧牲限度稱爲「價值」。

而有關價值的想法或決定則稱爲「價值觀」。

價值觀乃是決定如何生存，該怎麼做事情的方法，什麼才是正確的，應該禁止哪些事情，如何合理化，及如何建立良好的人際關係等的關鍵。不論何時，價值觀會隨著各種活動，流露於人的言行舉止之間，使個人的人格（個性）展現出來。

因此，我們常會聽見屬下對上司價值觀搖擺不定時的埋怨。

「爲什麼昨天說的話和今天所說的會有這麼大的差別呢？」

「明明做的都是同一回事，爲何A君沒被指責，而我們卻要受罰，這太不公平了吧！」

「真希望我們的課長信念能貫徹一點，每次稍受到些微的壓力便馬上妥協，實在令人討厭！」

像這樣對想法搖擺不定卻不加以改善，或是不在乎屬下反覆地去執行首尾言行不一的命令的上司，實在令人很困擾，然身爲下屬者卻又不得不加以忍耐。例如：D股長處在沒確立好價值觀的E課長底下工作，每日總不免感到很憤慨。

其實，E課長爲人很大方善良，可是由於個性優柔寡斷，缺乏堅定的信念；因此指示與命令往往朝令夕改，是非善惡之判斷常有改變，事務往往多有例外等等，使得處於其底下的D股長辦起事來感到相當的困擾。像這種介於上司與屬下之間進退維谷的狀況，總會讓工作的氣氛變得很僵。

朝令夕改的指示與命令，很明顯地會降低工作的效率。但身爲上司者往往不會檢討自己的作風，他總認爲業績不好的原因是因爲D股長及全體員工工作不利所造成的，有時甚至斥責屬下的無能，結果導致下屬工作意願低落的惡性循環。

因此，有關工作的進行及解決問題點的方法所最應針對的基本部份，應在於上司每回所交待的方針之偏差，導致屬下無所適從而積極性降低的此點弊病。此外，有關規則和經費的使用上也會因對象的不同而有差異（特例）；所以，下屬對於不遵守規則的行爲之抵抗感漸弱，而後慢慢地變得十分懶散，甚至嚴重到不可收拾的地步。此正如同看見E課長對金錢與時間公私不分的態度，雖然心中十分生氣卻也無可奈何。雖說價值觀必須配合社會和人心的變化而有所應變，但並不代表就可以搖擺不定。尤其是在人性、企業、法律、道義等基本部份的價值判斷（判斷基準），更需加以確立，否則對於是否合適及善惡的判斷將會令周遭的人感到困惑，而自尋麻煩。

Ｅ課長總以爲自己的作法是隨機應變，然而由於缺乏靈機性及彈性，則顯得相當沒有主體性（主見）。可是無論如何，基於上司與屬下的關係，實不應該太露骨的表現出對上司的不滿，還是讓上司自己去發現他的缺點吧！

對策

□反覆地做幾次確認後再執行。

□儘量頻繁地去做報告。

□確立自身的價值觀。

缺乏年輕的氣息與熱情

「副理的白髮最近增加好多，他到底在煩惱些什麼？」

「上司好像意氣頗爲消沉，臉色也不太好，同時目光總是無神。」

「身體看起來不錯，但『好好先生』的精神年齡則相當地老化。」

所謂的「好好先生」正是屬下稱呼F副理的綽號。此乃因爲每當發生問題或有人提出方案時，其經常會說「好好——事情不要鬧大——我們要愼重檢討一下——以後找機會再來——」等含糊的說辭的緣故。而且，最近這種傾向特別强烈，其外表及容貌看起來眞是意氣消沈。

「說話時已經沒有像以往那麼有魄力了，所以給人的感覺不像是公司裡的上級主管，倒像是尋常的老人罷了。」

「請他一起到客户那裡去，有時反而幫倒忙，在緊要關頭時，竟含糊的表示其意思，讓對方（客户）對我們產生不信任感。」

「一聽見副理說『好了好了』這句話時，就令人感到很難過，不太想向他建議好的構想，因爲他總是以一句『好了好了』答應後便無下文了。」

既然公司裡的公事是需要由全體職員協力合作才能完成，所以，在所有責任者之中，若有一人如F副理那般，缺乏活力及領導能力，則必然會釀成悲劇。由於組識不能靈活的運作，業績自然也就無法提升，於是屬下們便會對公司產生不信任感或不滿。也許F副理的例子是比較極端吧！但降低水準（程度）去衡量，缺乏熱情及年輕活力，有各方面的問題者的上司實極普遍。

所謂的「年輕」，並非依年齡或白髮的多寡來決定的，而是依據對方的思想，心情和精神等方面來判斷。亦就是對矛盾，不合理和不合邏輯的事物不加以妥協，積極進行改善與革新，勇於創造且向困難挑戰，上進勤學而不怠惰等，才能證明有一顆年輕的心。

內在精神若是年輕有朝氣，自然能形之於外。不予他人有不悅感的穿著，皮膚光滑，目光炯炯有神，昂首挺胸，言行充滿活力等，必然會令他人，尤其是屬下產生良好的信賴感。因此，相信屬下必會安心的追隨著上司。

以下即列出「年輕氣息」的要素（下層所列乃老化的現象）。

・信念——決不姑息不妥協——隨便地迎合他人。
・愛心——關懷弱者——助紂爲虐。
・革新——不固執於常識——墨守成規。
・目標——擁有夢想——隨波逐流。
・反骨——不會屈服於不合邏輯之事——不會抗拒權利。
・自尊——自尊心很强、自主且獨立——不能排除依賴心。
・矜持——不會迷失自我——過度的委屈求全。
・好奇——對任何事都得好奇——無精打采且無關懷心。

・勤學——不恥下問——自傲的認爲已無需學習。
・熱情——血氣方剛——只求安穩無事。

對策
□向上司提供資料（不論是口頭上或雜誌）。
□積極地帶上司到外面的世界增長其見聞。
□努力與上司一起實現所提案的事項。

不信賴屬下

總務G課長總是將「好忙碌」這句話掛在嘴邊。也確實如他所説那樣，常看到他半跑半走的到處活動，即使坐在辦公桌前也很認真的在看文件。在這種狀況下，一般人總會認爲組織裡充滿活力，職員都如G課長一樣，非常勤奮的工作著，如此業績一定會蒸蒸日上。

可是只是依靠第一印象便貿然做判斷，往往容易犯下大錯。一旦仔細觀察，便不難發現課長雖埋首案前，卻無精打采，沒有什麼活力，整個辦公室瀰漫著沉悶的空氣，爲何會如此呢?真令人費解!直到有一次偶而在飲水間聽到如下的悄悄話，這才恍然大悟。

「課長那種反覆叮嚀的態度，實在讓人很納悶，好像只把我們視爲孩童程度一般，這未免也太瞧不起人了吧!」

「不停的叮嚀我們做事，表面上看起來好像很親切關心，然而實際上根本就是不信任我們辦事的能力，這簡直就是一種女性歧視的態度嘛!」

「因此我們做事時總是故意拖拖拉拉。因爲不管多努力的去做，一定仍會被訂正好幾遍——。男同事們也多表不滿。現在，他們可能都在樓下的咖啡廳裡說課長的不是。」

我立刻跑到樓下的咖啡廳一探究竟，果然不出所料的，有好幾位職員正利用下午時間在咖啡廳裡竊竊私語的舉行著「例行的會議」。雖說這是下午茶的時間，但是同一家公司裡有好幾個員工一起聚在這裡，看起來氣氛實在有些怪異。

「課長爲什麼總無法安心的授權給我們工作呢?」

「我總覺得我的學歷太低了，因爲課長是明星學校畢業的。」

「你這樣的想法太鑽牛角尖了，他那麼仔細地干涉且不斷的指示並非只有針對你一人而已，而是對全體職員都是如此……。以課長的立場來看，我們全都是尚未成熟者。」

「像他那樣干涉太甚，我們怎麼能夠進步呢!其實當我們工作結束時，他再指出其中的缺點，這樣我們才能慢慢地由錯誤中學習啊！」

「可能是因爲同樣的工作失敗後再做一次有點無意義，所以才會在過程中如此的干涉吧！不過，也正表現出其對我們的不信任及完全未顧及到屬下的勞動意願與促進能力的提高。」

其實，爲人上司者必須了解到，雖然你不能夠完全信賴屬下的行爲及工作成果，但至少必須信任其人格，否則，公司內部基本的人際關係就會崩潰，關於這點是相當重要的。

對策

□以累積的實績向上司表明。

□主動積極地找工作做。

□認眞地學習、提高實力，才能與上司建立良好的關係。

態度想法都很傲慢

星期日下午，三位年輕的職員到H課長家拜訪。表面上的理由是要向課長討教圍棋的下法，但不久後便向課長埋怨起他們的直屬主管（股長）。

「我們批評他並沒有介入私人的感情因素，我知道這麼說自己的上司是非常僭越的，但考慮到人際關係及工作的效率時，覺得應該向課長報告——。或許可以說我們就是整個股的代表者。」

一直看著H課長的其他二人也頷首的表示同感。然而聽到這些話的H課長，表情卻變得很嚴肅。

「大略的情況我已經知道了，可是你們說話如機關槍一般，三人輪流發言，因而無法詳細瞭解實際的狀況。或許你們能以文書的形式，將股長傲慢的例子扼要提出，但我也無法保證是否能讓股長百分之百的改善你們所說的不滿的態度。雖然你們提出的是非正式化的文書，但是我保證決不洩漏秘密。」

三日後，H課長果然收到這份非正式化公文的信件，文中已排除當日交談時流露的個人感情的因素或埋怨的口氣，H課長喃喃自語的唸出：

①仰仗權利，地位恃勢凌人，强迫我們做不合理的命令。

②不管有無他人在場，也對屬下大聲漫罵。

③一開口就提及他的高學歷，且加以吹噓。

④時常罵屬下是傻瓜。

⑤很神氣的坐在辦公椅上拍桌子斥責他人。
⑥絕對不會承認自己的失敗或錯誤。
⑦直呼屬下的名字而不加稱謂。
⑧經常將私人的事交待屬下去做。
⑨有時對他寒暄，他裝作沒聽見。
⑩對部屬絲毫未存感謝的心理。

對策
□或許這種狀況可以解釋為是一種對屬下的鍛鍊。
□在心中要存有憐憫或同情上司的心理。
□全體職員應將該拒絕的事勇於加以拒絕。

對屬下的埋怨漠不關心

對幼小的兒童而言，其最大的衝擊並非挨雙親的責罵或體罰，而是雙親對他的忽視，亦就是說漠不關心及照顧，實是令人最感悲哀的一件事。據說，在小學或國中裡，欺侮同學的行爲當中，不與對方說話或不在意的行爲已經蔚成風氣。其實，在大人的世界中，對對方絲毫不表關心也是最容易傷到人心的一種方法，更何況是介於上司對屬下不關心的態度，必然會造成彼此之間信賴感的崩壞。

上司存在的意義，不僅在於提高業績，同時也要統率部屬，此點任哪位屬下都是十分瞭解的。至於統率，是以保護養育爲基本，所以身爲上司者，若對屬下絲毫無關懷的心理，屬下會本能的察覺，因而產生懷恨及不信任。

在某大企業裡擔任諮詢輔導工作的I先生曾釋懷的說：

「認爲上司不關懷自己（屬下）的希望或請求——也就是說不會聆聽屬下的需求或埋怨，協助其解決的屬下人數，實在超乎我們想像的多。其實，這些事都是很難啓齒的；而且，事實上也很難直接向上司論及。」

其中，最嚴重者還是有關調薪、升遷、獎金等方面的問題。譬如：當調薪比自己被預期的少、升遷遲緩、獎金太少等——尤其最不滿的是、與同僚比起來，特別遭到上司冷漠與歧視的感覺；另外，則是對屬下身體狀況的漠視。

例如：很顯然的看見屬下身體狀況不佳，卻裝作沒看見的繼續命令其去工作，這種漠視往往令屬下很生氣，但由於其難以啓齒，故希望能藉由上司自身來察覺。除此之外，另有許多因素，但因上司總對這些埋怨的事不太關心，即使與其商量有關私人的問題，也總顯得不太誠懇，完全不了解屬下的出身地、家族背景、嗜好、專門領域、擅長的優點等，彷彿與屬下的希望、需求、夢想、願望完全不相干，這種態度，正是引起屬下不滿的最大癥結所在。

對策

□應了解不滿或牢騷是無法以心照不宣的方式傳達給對方知道的。

□有不滿之處應以正當的理由加以表明。

□有事時，可以稍微放下身段的與上司商量看看。

2 未盡到做上司的職責與任務時

指示工作時說明得不清楚

有些上司彷彿在對待資深的職員一般的去對待新進的年輕職員，隨便予以說明不十分清楚的指示或命令，卻絲毫不感到在意。結果，必然會產生錯誤或重做的狀況，而導致屬下的不滿或齟齬。

「你們已經不再是三歲小孩了，難道要我一再的叮嚀嗎？我並不要求舉一反三，但至少也應該要舉一反二啊！」

「我自己也忙得不可開交，怎還有時間逐次地做詳細的說明，但有關重點方面實都已交待清楚囉！」

「我絕不會沒有必要性的命令或指示，只是還要要求必須說明其理由，或告知其可能的結果，這未免也要求太多了吧！本來屬下只須遵從上司的交待去做事就好，愈不會工作的人，要求的條件總是愈多。」等有關主管的辯駁，顯然頗有偏差。這些理由不過是在找搪塞的藉口或詭辯罷了。工作意願並不是在理解，同意之後才會萌生，當說明不清楚——溝通不足時，確實會產生感情的摩擦。

「班長總一開口就說彼此心照不宣。其實我倘若經驗豐富，或許還可以推想或揣測其所交待的內容。但在此之前，我還不是很熟稔，若沒有充分地得到說明或指示，則常會搞錯方向！」

「以主任所主張的站在屬下的立場簡潔明瞭的下命令之觀點來說，不過是敷衍了事罷了。或許他並未發覺簡潔太甚反而會招致不明瞭，關於這點，實在讓人很困擾。」

「爲何下這樣的指示，上司完全沒有告訴我們。至於工作完成時要獲得怎樣的效果？只是一味地鼓勵我們要認真的去做，盡最大的努力，但是……。」

對策

□一面記錄，一面要求更具體的說明。

□一有不瞭解的地方，要有勇氣提出。

□趁上司有空時（情緒好時），多提出問題。

對於屬下的指導與培育並不盡力

公司乃工作的場所，工作的好壞決定公司業績的成長與發展；同時，若說工作的態度可以決定職員本人的人生，實一點也不爲過。以這種方法來詮釋人生雖然誇張了些，但對薪水、調新、獎金、升遷、職位等，卻有很大的影響。

有些人說「最近的年輕人完全沒有顧慮到升遷或成功等的問題」，其實這種想法多有偏差。以目前的社會結構，人口構成的變化，在考慮了升遷機率以及地位之不足等的問題後，不會太過於渴望非現實的升遷罷了。但對於升遷至較高地位的野心與願望仍是不落人後的，因此，不能以錯誤且先入爲主的觀念，去輕視屬下內心所擁有的向上心啊！

大部份的屬下都希望趕快學會工作的技巧，能很順利地工作，或是學會身爲一位社會人士所應具備的智慧。同時認爲上司就是最好的教師，因此，一旦發現上司不教導或培育屬下時，往往會產生莫大的憎惡感（即非常討厭上司）。

以下乃作者以「指導培育屬下的方法」爲主題所舉辦的研習會中發生的一些事。

參加這次研習會的出席者多半是管理階層的人，所以我要求他們依據過去的經驗，在對於屬下的指導或培育上產了什麼不滿與問題，提出個人的意見。

「屬下接受指導時，其壓力也是很大的，雖然被指導且被交待有問題時可以提出來詢問，但他們往往不知道問題在哪？故常會有不安的感覺。但關於此點上司並不瞭解，所以屬下常遭上司的責罵，關於這點，當時我也感到十分難過——。因此希望身爲上司者能夠經常考慮到被指導者的心情。」

「當自己的短處、缺點、毛病被上司指責時，在無法反駁的情況下，心情之沮喪自不在話下。其實，自己也有頗多優點的——但是卻因此而清楚的了解自己的工作意願降低，內心感到十分的悲哀。」

「我常覺得應該要給我更多的工作機會的，因爲再也沒有比實際工作經驗更好的教科書了。自從被授予責任重大的工作之後，我清楚地發現自己的工作經驗在急速的成長著。所以，我認爲實際的授權才是最有效的培育屬下的方法。」

「不能予以正確的答覆屬下的質疑之上司，實在沒啥資格爲人上者。我認爲工作要用模仿而來的想法已經是太落伍的觀念了，應該給屬下確實的指導才是最正確的作法。」

「對於一有空閒便閱讀相關書籍或是接受函授教育，因而遭到上司的批評與指責，認爲其應該把時間利用在工作上的屬下，往往對這樣的指責相當的憎恨。」

除此之外，亦有如下的發言：

- 只會漫罵屬下而已，完全沒有指導屬下的熱誠。
- 不想去瞭解屬下的長處，而只是挑出其失敗或錯誤的地方，加以指摘。

•指責與褒揚的方法若不恰當，反而令人感到掃興。
•由於沒有得到適切的支援和諫言，所以常會喪失自信。
•過度强調自我（上司）的模式，只是徒增屬下的反感等。
•只要在沒有過度保護的範圍內，上司都應該將屬下視爲晚輩，加以指導培育；否則，不僅無法獲屬下的信任，還會招致屬下嫌惡及憎恨之感。

對策
□透過和上司的對話，積極的得到解答。
□仔細觀察上司的言行、長處加以模仿，短處則引爲警惕。
□不理睬上司在背後對你的批評，而依自己努力啓發自己。

不會積極地聆聽屬下的意見

聽說想獲得女性的青睞最重要的訣竅是讓「對方（女性）儘情的說話」。即使自己也滔滔欲辯，仍要壓抑不說，且促進其發言的慾望。其實，關於這點並非只是侷限於男女之間，在人際關係方面，也是相當重要的問題。譬如在上司與屬下的關係中，意見、提案、商量等所謂意識上的溝通，若不慎發生冷落或一廂情願的情形時，則各種感情上的摩擦將會應運而生。

「當然我會承認結果是不會辜負課長的期待，可是並不代表全部都是我一個人的責任！例如，是對方先——。」

「等一下！聽你現在如此的辯駁，業績也不會提高的。在公司裡業績就是一切，你若有時間的話，就少些抱怨而多努力去挽回業績吧！」

「……（確實業績不太好，可是這實在無法預料啊！我已經報告過了。我也努力地加了班盡心的工作，所以，應該承認我的努力才對。既然如此，以後我不會再這麼認真了，敷衍了事便罷！）」

關於屬下的辯駁，倘若爲人上司者能夠用心聆聽，則可替其解除壓抑和慾求不滿的情緒，同時，也能防範工作意願的降低。

「我上月提出有關新產品的企劃案，結果怎樣了？」屬下問。

「嗯，那一件嗎？構想是不錯，可是欠缺現實性的考量，所以仍保留在我這裡。」課長如是說。

「——（到底有沒有真正討論過呢？其實這企劃並不是缺乏現實性，而是課長本身並無正確的評估能力。也許是因爲屬下的構想太好，心生嫉妒，或許應直接提案到經理那裡去比較妥當。）」

假若在一開始就否定或只是單方面意見的强迫，也會引起屬下的反感。

「我想對於那一個問題再提出一些意見。」

「不，我不打算改變結論，有關這個問題就如剛剛所說明的那樣，依部長命令的方式作結論，所以，你們只要照這種方式去進行就好。好了，會議結束吧！）」

「——（所謂的會議不是大家會聚一堂在一起討論的意思嗎？如果只是以命令來作爲結論，完全不採納屬下的意見，那麼大可改變會議的名稱爲連絡會或發表會就好了。不，或許以佈告的形式，更能節省時間與勞力。如此大費周章的開會不過浪費時間罷了，實在令人生氣！）」

「課長，這是業務日誌，請您過目。」

「嗯！你放在桌上就好了。」

「有關對A公司的銷售方法有二種，請將您認爲最妥善的那方做個記號（我這麼要求，可能又與往常的情況那樣沒有任何回應；課長真的會去閱讀這份文件嗎？早知如此寧願不要提出，還來得比較舒服）。」

另外，想逃避屬下商量問題的上司，也會喪失屬下的信任。

「我想趁機和股長商量一下問題——。」

「抱歉！我正在做複雜的工作，所以他日再談吧！」

「——（股長怎老說這句口頭禪！我又不是要向他借錢。連屬下想找他商量都找藉口逃避，實在沒有資格爲人上司嘛！）」

對策

□將自己的要求記錄起來，用來調劑情緒就好，不一定要述求上司。

□不要輕易地放棄，可以試著將同一個構想，改變方式向上司提出。

□可以找合適的機會問上司對於你所提出的文件有何感想。

只顧慮到上司的言行

雖不受上司的歡迎，但仍能升進的例子不少。話雖如此，也不應該對上司太過分的卑躬屈節，或露骨地拍馬屁，如果當自己的直屬主管有這種奉承阿諛的行爲時，身爲屬下者往往會產生輕蔑的念頭。

像這樣的主管平時都對自己的屬下很囂張或漫罵，此或許是他對其上司過分的諂媚逢迎的反彈，但有這種作法實在極不應該。

「是的，您說得很對，我很了解，我甚至可以犧牲生命來完成經理所交待的事，也會負責讓屬下們都能清楚的了解您的想法。是的，是的。那麼再見！」

看到朝著電話機，如叩頭蟲般地不停地點頭的主管的情況，屬下們彼此以眼神示意，不斷地苦笑，有些屬下實在看不下去，適巧手邊無事，便離開位子走到屋外。由於主管並不知道屬下們做了如下的談話，所以頗值得同情。

「討好上級需要做到這樣的程度嗎？雖說全是爲了升遷，但這樣做有效果嗎？看到課長這個樣子，就知道當官實在是一件苦差事，還是不做爲妙。」

「課長的忠誠度實在不容置疑的，總是想盡辦法的執行上級的命令，不會質問也不會反駁，盲目的接受經理的命令，一點自我的主張也沒有，真令人感到悲哀！」

「我在一次偶然的時機，看見課長的手册裡詳細記載著董事長至經理的家族名稱，家族成員及他們的生日，除此之外，還記下他們的興趣、嗜好，孩子們唸的學校名稱，及註上各種記號等；可是有關屬下的資料只是記載本人的地址、姓名而已，其他方面則全無，著實令人有些生氣。」

對策

□爲了不傷主管的自尊心，有些事最好裝著沒看見。
□既覺得主管的行爲不妥，則不應效法。
□仔細的觀察主管的前途會變成如何。

容易將責任轉移他人

我們每個人都擁有權利，且伴隨而來的義務與權利有表裡一體的關係。當權利與權限愈大時，所賦予的義務也就愈大。不容置疑地，此關係同樣也會發生在公司裡。

話雖如此，不過，有責任便有責罰，如果只是遭到警告或是指責便了事的話，並不會產生很大的問題，然而一旦牽涉到貶職、賠償、降級、解雇等嚴重的事態時，常會發生規避，轉移或推卸責任的行爲。

其最顯著的例子就是在貪污案件裡的政治人物的秘書及司機、公家機構及企業團體裡的中堅份子（代理課長者較多），常被這種責任的推卸逼得無法承擔，繼而選擇自殺一途，以死來逃避。

一般，在公司裡，事情往往不會嚴重到釀成自殺死亡的事件。但在某些重要的關頭，上司爲了要逃避刑責的追究，常會將責任推卸或轉移於屬下，關於這種狀況時有聽聞。這也正是在貪污案件或公司內部所爆發的事件中，待罪羔羊者往往是權限較小（立場較弱）的人之緣故。

屬下也是有感情者，故上司不想負責任，且加以迴避的心情，其亦能體會。可是事實上，若成爲上司的待罪羔羊時，則氣憤之情必油然而生。同時，亦會認爲上司太過卑鄙而不可原諒。

「他趁我不在場時將和J公司交易失敗的理由（不能得到J公司的訂貨），藉口說是因爲我的怠慢，而將責任推卸於我。實際上，是因爲股長忘了與對方約束，且並無送新的估價單給J公司。以後，我再也不信任股長的作爲了。」

此正意味著當上司能逃避到安全範圍時，即使犧牲屬下不在乎。

「『即使沒有成功，其責任我一定替你擔負』上司明明曾清楚的對我這樣說過。可是現在卻要求我要負起失敗的責任，向經理道歉。他曾說過要負起責任，至少是表示共同負責之意，可是現在卻否定他並沒有說過這句話，確實令人生氣啊！」

在沒有休止的爭論之下（處於口說無憑的狀態），推卸責任的行爲是常有之事。

「總經理那裡我會替你去道歉，但你要負責任賠償一切的損失。」

諸如以上種種的責任推卸法之情況，在公司裡經常發生。

不會坦護屬下，置屬下於死地，或從不伸手適時支援屬下者，顯然也是一種推卸責任的行爲。

對策

□如果上司常有推卸責任的行爲，則必須保存好相關的證據。

□想開一點吧！就當是賣給上司一個大人情。

□相信遲早上級部門一定會了解眞相的。

3 當懷疑上司的能力有問題時

上司缺乏戰略性

往昔，只要經營者能先預測到時代的需求，擬定適切的戰略政策，對全公司的員工下指示與命令，就可妥善經營了。

然而目前，甚至未來的趨勢，公司的任何部門都必須著重在戰略性和滲透性的經營型態，才能對應社會的需求。本來，管理者被認爲只要懂得戰術的應用即可，然而目前則必須還能妥善運用戰略才行。

對屬下而言，在缺乏戰略性的上司底下工作，往往令人感到扼腕又困惑。也就是說有關計劃的擬定、工作及組織活用的方法等，若不能以戰略性的思考模式去對處，則必然會招致如下所示的屬下的輕視與冷落。

「課長亡羊補牢式的作風實在令人擔憂，不論什麼事總是漫無目的的敷衍了事，以這種態度來辦事，政策怎麼能夠順利的推行呢？凡事沒有考慮到將來而事先做完善的計劃，實在無法成爲一位優秀的管理者。」

「你說得對極了！在本書中也提及『見識短淺沒有遠見，且以無計劃性的方策而想解決問題者，已然喪失當管理者的資格，其應同經營階層一般，一面展望將來，一面執行業務，作戰略性的思考才行。也就是處理事情時，須依據目前所調查分析過的情勢及變化，對未來作長期性、整體性且綜合性的預測及判斷；並且應該避免想法過於單純或漫無目的的計劃。應以戰略性的思考顧及到未來的趨勢才是』。」

「總之，多多運用頭腦，認真工作就是；我們一起期望課長凡事皆能好好計劃吧！如果在執行任務的途中任意變更計劃，則過去的努力都將功虧一簣；同時，也會降低工作情緒。

另外，希望課長不要只重視眼前的損益，他以爲自己是有彈性的在順應變化，但是，站在我們的立場而言，這只不過是搖擺不定罷了。」

「工作的調度與擔任職務的分配法泰半無計劃性，並沒有考慮到公平與否就任意的分配，因此，我們也不會想要好好地穩定下來認真工作。沒有仔細考慮屬下的能力，工作的內容和事態的變化便貿然裁定，即使口頭上多會安撫人心，業績也不會因此而提高的。」

對策

□認爲可能是沒有經過愼重考慮過的指示，應請上司再次的考量看看。
□可擬定一份長期性展望的計劃表，而後請示上司。
□有關工作分配的方法不盡理想時，全體職員應請上司再重新考慮。

不會照顧屬下的上司

根據某報社的調查，在年輕一輩的職員心目中，認爲最理想的上司形象是很會照顧屬下的上司。而工作能幹，有魄力的上司，其受歡迎的程度則有下降的傾向。

平常，我們總是很難表達內心的真意，更何況是處於上司與屬下的關係，對於真心話則更難啓齒了。

因此，若一味的認爲時下年輕人的想法和觀念仍和幾年前毫無二致，則只徒增彼此間代溝加深，產生預想之外的反感罷了。

其實，對於會不會照顧的表現方法是很抽象的，再加上屬下所能接受的程度因人而異，因此，對於這個問題很難斷定，且也没有正確的方式能察出屬下們到底希望上司如何來照顧他們。倘若照顧太過，則可能會讓屬下感到太多的管閒事或過分干涉，而導致負面的效果。

當屬下批評上司的想法和態度太冷淡，漠不關心等的評價時，一般而言多是如下的例子。

•當屬下陷入困境時，不能適時加以伸出援手，或没有做適切的指導。例如在犯錯或困惑煩惱時。

•没有給予屬下所需要的情報或重要的資訊，如果此舉乃蓄意而爲，則會令屬下産生憎恨及厭惡感。

•對於屬下所不知，忘記或誤解等問題，不加以指導與矯正。

除此之外，不分配工作給屬下做；應加以指摘時卻不指摘；工作時幫忙干涉過甚；；鼓勵安慰下屬的態度不夠積極或是太縱容屬下等，都會讓屬下覺得上司的照顧與領導不周全。

另外，爲人上司者也必須認清一件事實，即是請屬下一同去吃飯喝酒，並不表示屬下就因此而認爲上司是很會體恤照顧下屬的。

對策

□如果可能，直接要求上司照顧自己。
□有時也必須顧慮到上司的立場。
□努力增加實力，不要只是依賴上司。

解決問題太過消極

有句俗話說「大企業家必須要留下自己的足跡」。所謂的足跡即意味著在工作上有所貢獻，或對公司有助益性的改革。

既然公司是一個組織體，則自然無法避免縫隙或角落裡積存沙塵（例如：浪費、浮濫、雜亂、不合理、不合邏輯等狀況）。

同時，隨著時間的累積，淤塞的情形也常發生。這些都是所謂的「企業界的問題點」，會直接或間接的造成業績惡化，或組織不能靈活運作的後果。

通常，問題點多半內含著在改善或解決上①非常困難，②並非燃眉之急，③無關自己的業績，④若往壞處想，改革可能招致他人怨恨等的種種要因。

因此，若爲人上司者是屬於得過且過的消極主義，或墨守成規型，則其改善的態度與行動必然十分消極。結果，易導致富有正義感、邏輯性、合理性思考强的屬下產生反感和嫌惡。

前任的股長在就任中一直得不到屬下的愛戴，其原因乃是其得過且過的消極主義態度太嚴重了。有一次，與屬下L君因爲應收賬款管理表的記載問題發生正面衝突。

「股長，這表本來分爲三部份，但是若能將它整理成一個項目來記載，則比較容易明瞭且有系統……。」

「有關這個問題你没有提出我也十分了解，但公司長久以來都是採用這種方法，所以暫時不需要變更，因爲傳統應該要遵守。」

「……（總而言之，就是不想做而已嘛！不過是嫌麻煩而没有勇氣向上級申請變更。）」

同樣地，公司裡的M小姐也相當不欣賞股長的處事態度。

「股長，您常說同事間要自發性的協助最能達到辦事效果，但是，今後請你用命令性的型態來交待吧！」

「怎麼啦？看妳的臉色都變了——妳們又起什麼衝突啊？」

「不是衝突。只不過是有關N小姐都不想協助他人的這件事罷了。她除了份內之事外，不管多麼地要求她幫忙，她都相應不理……。即使她有空亦然，只要下班時間一到，立刻就回家，搞得大夥都很生氣，所以——。」

「嗯！妳說用命令的方式嗎？其實命令——。好，找機會我會好好的勸勸她的，你們暫且不要惹起風波，同事間應和睦相處才是。」

大夥為決定要調職的K股長舉行餞別會，在會場上，K股長站起致詞說：

「因為你們大家的協助，使我没有產生太大的失誤而順利完成我的任務，我由衷地感謝各位——（以下省略）。」

聽到這致詞的O君，低聲向鄰座的N小姐說：

「所謂的順利是表示没發生任何事的意思。其實，股長本來就没有做任何事啊！況且他說没有產生太大的失誤，這話實在會讓人笑掉大牙；既然没有做事，哪來的失誤嘛！你看股長他那麼高興的表情，由此看來，他可能尚未發覺自己是被貶職（明升暗降）的。」

當問題點和公司的歷史有關連時（例如為了要固持創業者的想法，由目前的支配者所決定的事項），或者由於與特定的客户有利害關係的情況（為了要順應有恩義於公司的客户的方針，不得不維持長久的人際關係）。

所以，當改變對公司不利的情勢時，還是睜一隻眼，閉一隻眼的順從為妙。

對策

□發現問題時，反覆請求解決。
□有關問題，可以請上司解決策略。
□由多數人聯合簽名，提案解決。

在關鍵時刻卻優柔寡斷不果決

權限的大小與必須下決斷的次數成比例。

因此，缺乏決斷力（遲鈍）的上司所領導的工作階層，工作的效果必定容易停滯，進而喪失良機。其結果將令下屬感到不愉快而怨聲載道。

缺乏決斷力多半是本人（上司）的內心認爲凡事不能太衝動，要謹慎處理，且堅持仔細思考才是上策等的原則之下才會發生的狀況。

的確，當失敗時所造成的損害或多或少會影響到全體性的經營；然而從另一角度來看，在目前變化激烈的環境下，有時即使只是短暫的猶豫不決，也會錯失良機的。

因此，以屬下的立場看來，上司的優柔寡斷便反映出對事情不太負責任。

雖說缺乏決斷力，但是上司是不可能不下決斷的，只是常發生決斷的方式有所偏差，而令屬下感到困擾的情況罷了。

P課長雖下決斷，但往往都因太遲而喪失良機，常令屬下感到扼腕歎息。

「不管多麼强調事態已迫在眉梢，可是課長卻仍然穩如泰山，不想急著作決定。從他的外表看來，彷彿拼命地思考一般，但是逾時才下決定實在已經太遲了。像P課長這種不高明的思考方式，還不如去休息算了，免得浪費時間！」

股長雖然也下決斷，但好像自信不足，總是令下屬感到極度的不安與困惑。

「股長自己根本也很困惑嘛！真是令人擔憂。所以我覺得他在工作方面相當缺乏自信，希望他能夠積極些吧——。」

K主任的情況相當令人困擾，倘若沒有聽聽別人的意見，就無法下決斷！

「我覺得他太過擔心結果會失敗了，尤其是他根本就將屬下的判斷視爲自己的判斷，這種情況實令人擔憂。」

對策

□有關TPO（Time, Position, Occasion）的限制，要反覆告訴上司。
□很自然適切地提供上司有關判斷的資料。
□提供多項選擇條件請上司選擇。

不公平的言行過多

「不虞匱乏，只憂不平等」。任誰有這種想法實是人之常情。我們都知道歷史上所發起的戰爭，多半是爲了打破不平等的狀況而造成的，因此，這種想法實出於人之本能。

在公司裡，不公平的待遇會造成人與人之間；尤其是上司與屬下之間的問題。站在被待遇不公平的那方來看，必然會產生超乎想像的厭惡，甚至幾近憎恨的感情。上司對屬下的不公平的言行，大致可略分如下：

- 對性別、年齡有不公平的歧視。
- 對能力及實力以外的情況有不公平的對待。

●對工作以外的事有不公平的對待。

●由任性或自私所引起的不公平態度。

至目前，仍有許多上司對於女性或年輕的職員懷有先入爲主或是不公平的偏見，這實在是一種落後時代之領導者的想法。

「雖然口口聲聲主張男女平等，機會均等，但是一看到升遷的實績就不難發現有很明顯的重男輕女的觀念，只是每次都能以各種巧妙的理由加以掩飾。這個現象讓人覺得男性社會這道厚重的牆壁實無法輕易的突破；說實話，我真的很不甘心啊！」

「確實，年齡、經驗年數和能力、實力有相當密切的關係，但也不能否認可能有例外或特殊才能的存在。所以，請不要只是以年輕爲理由便認爲是經驗未熟稔者，雖然我並不要求一定要受到什麼特別的提拔，但希望能予我實力相當的工作。」

另外，依靠各種派系，學歷和出身等特殊關係，而受到特別的調配及待遇（升遷、調薪、賞罰），則會使屬下工作意願降低。

「聽說最近中小型的私人企業，不會因爲諸如裙帶關係等而隨意的影響調配升遷。可是，我一直懷著『因爲上司太無作爲，所以不想再繼續爲他工作』的心態，因而對於只有提出辭呈才是最大願望的念頭，一直讓我感到很悲哀。」

「經理之所以會對他那麼好的緣故，乃因他們學長學弟的關係。如果同樣一件事，我們一起都會被挨罵，則我絶不會因此而生氣，可是實際上卻有這麼大的差別待遇，真是令人受不了啊！有句俗話説，兩個人以上集合在一起，必然會形成一個派系，但我仍希望此刻能改變現有的狀況，我們大夥來抗議示威好嗎？」

依靠工作來決定勝負，或以業績，實績來反映待遇等等，此不過只是一般的原則論而已，沒有依此原則而執行的企業機構相當多，這可説是日本特殊的經營方式，但卻不能成爲現代化的經營方式。

「當發現唯有多向上司拍馬屁奉承才能成爲升遷的要素，關於這點實在令人很厭惡。」

「有些人不僅針對課長，甚至連經理，董事長都要逢迎巴結的送禮。我個人認爲『以被上司照顧的立場而言，上司薪俸多，且各方都必須獲得屬下的幫助，以此看來，應該反送禮物予屬下才是』。因此，不應該有這種送禮物的行爲，我個人一直如此認爲，所以都没送禮，因而升遷總比別人慢。」

對自己寛大而對屬下嚴厲的上司，由某個角色而言也是極不公平的。

「無論在時間或金錢方面，課長往往公私混淆不清，可是對屬下遲到和費用的支出款項，卻總是擺出一副雞蛋裡挑骨頭的態度，實在令人很不愉快。」

「想來是課長的座椅太舒適了。每次，應該親自到他處去交涉時，總是將任務交待屬下去做，自己卻安穩地坐在辦公室中。我想，不久可能會因爲運動不足，而引發成人病哦！」

對策

□相信上司遲早會露出馬腳的。

□確信能力才是最大的武器。

□不管他人怎麼想，自己要嚴以律己。

第三章 讓我們來聽聽上司的主張

1

上司有上司的立場

你是否認識上司的三種立場

常會聽見管理者處於如三明治般被夾在中間的立場。

的確，在升遷爲上司的同時，常有被上級及屬下夾在中間的感覺。譬如受到上級的命令，希望能使公司的業績提升，另外，亦被評估是否有管理的手腕；其同時，又會成爲屬下衆所矚目的焦點，以及不平不滿之各式各樣的抵抗。因此，在批評責難上司時，若能多瞭解上司的立場，才是爲人下屬的關懷與顧慮。

所謂「上司的立場」，並非只有一種，通常有如下幾種情況。

- 在組織內，可以是部或課的上司，領導者或責任者。
- 在公司內是中間管理層的地位，可稱爲實務方面的部隊長。
- 至於在公司外，則擔任公司或經營者的代表或代理職位。

若能如此顧慮上司的立場，就能夠了解『其實我才不想囉嗦的干涉細節問題呢!可是課員的言行會被視爲是課的言行或課長的言行，因此，爲了全體職員們著想，才不得不警告他們』之心境。

「我知道大夥都對我很不滿，認爲我只不過是上級的傳聲筒罷了。但又不能隨意的大幅度變更上級的命令。因此，連帶的對上司的說明及說服的時間也相對的增加了。」

「我並不是要以個人的立場來强迫大家，不過是代替經理推行公司的方針而已。其實我也是很爲難的，A君，連累你了，只希望你能多擔待一些。」

等等的諸如此類上司的主張。

確認

□能顧慮到上司當主管的立場。

□能顧慮到上司身爲管理者的立場。

□能顧慮到上司也是公司一份子的立場。

是否瞭解上司的職責與任務

上司的責任與職務，就是要達成課部門所賦予的目標。

爲了要完成其主要的責任與職務，所衍伸的二次性責任與職務便有很多。身爲下屬者必須加以了解，此種狀況可彙整如次頁圖。

目前技術的進步已暫時告一段落，錢的影響力亦不似昔日那般强烈。所以，時下掌握公司的發展與生存之要因不外於「人」，因此，培養職員（屬下）的能力與創造性，提高戰力亦是上司的責任與職務之一。

「我的屬下竟有將教育與欺侮屬下兩者混淆不清的困擾。」

「我不過是想親切的指導他們，可是他們彷彿認爲我太囉嗦，或是很會挑毛病似的。」

「並不是瞧不起他們啊！而是對有關寒暄敬語等的基本禮節或有關服務態度上訓練不足的層面，加以指責而已，其出發點也是爲他們本人著想啊！」

有關這些上司本身的困惑，無法與屬下溝通的例子頻有傳聞。

爲使工作能圓滑的推行，提高業績，因此上司所要求的事項便相對增加，且會予屬下各式各樣的指示與命令，甚至可能變更習慣與制度，以提高工作效率。

上司的責任與職務

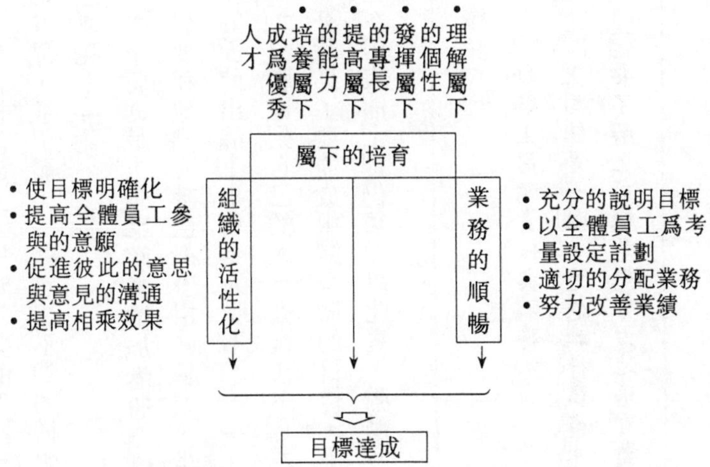

「結果是相當重要的，所以我才要求每個人都提出一份合適的計劃表，但是屬下們卻在背後批評我不過想圖個輕鬆與逃避責任，這表現出他們相當缺乏自主性，實在令人心煩！」

「我是顧慮到種種問題，才分配工作的，但仍受到屬下的責難與埋怨，認為我是任意差遣他們——無法達到百分之百的公平。」

「本來出發點是為了屬下著想，而欲進行改善的，可是他們往往只看見眼前的問題，埋怨於麻煩或勞累而加以反抗，簡直完全缺乏年輕人的幹勁及朝氣——。」

所以，如何使組織能活性化，提高工作士氣，帶來正面的效果，對上司而言是極重要的。

「從目標的設立及擬定計劃的階段，我總是儘量讓全體員工參與，希望能得到全體員工的共識，並引發出一些意想不到的構想；可是看到他們那樣消極的態度，我怎麼能夠抑制怒氣呢！」

「平時總是主張應該多增加溝通機會才是，可是在會議中或集會時，卻個個啞口無言，想要和他們交談也都爭相迴避，因此才不得不指名發言，但事後又埋怨我想要讓其在大家的面前出醜——真令人受不了！」

「只顧慮到自己的人（太自我中心者），必然會將協助和過分差遣兩者混淆不清。」

有時爲了要達成組織全體的目標，不得不；抑或是知道太牽强，且了解對屬下很過意不去，但表面上卻仍須加以叱責、激勵。

確認

□瞭解上司的責任與職務。

□上司總是一心一意想執行職務。

□要了解上司總是想努力地培育屬下。

你了解上司的權限嗎？

所謂的權限就是權利與權力的限度。有關這個限度，如果有誤解或衡量有所誤差，則容易產生認識不足，無責任感，或越權行爲等不良的問題。所以，不管上司或屬下，都應該充分了解其限度、範圍與內容。權限包含著如下幾項要素：

・容許的範圍

包含有關工作的決定權和可使用的預算額。如果超過範圍，免不了要被視爲越權行爲而受處罰，或因爲預算超支而受叱責。因此，以上司的立場而言，總是儘量縮小屬下發展的範圍；相反地，屬下常有誇大想像的傾向，以致因彼此不同的立場而引起小摩擦。

「我說我没有決定權，屬下就會說你没有資格當經理，倘若他知道我有決定權，一定會提高要求，我深覺現在的屬下實在很難應付。」

「從外表看來，交際費和出差費好像需要很多，可是必須要配合工作內容和金額的預算來決定開支，同時也必須準備突發狀況的開支，所以費用的運用上相當難以控制，但屬下都埋怨我太小氣了——。」

・授權的自由

授權的技巧並不如口頭說說那麼的簡單，必須要考慮到屬下的能力，授予的範圍及時期等。

「不能予以屬下超出其能力範圍的權限，否則會增加失敗及不能達到預期的效果，也會使當事者喪失自信，所以必須要謹慎處理。」

「授權與否是由上司所決定，當屬下者總是要求太多。我一定會顧慮到一切的範圍與時機，所以請不要埋怨。」

「我認爲你的工作意願很高，所以才全面性授權，但你卻半途而廢，爲何當時沒有事先告訴我，你無法勝任呢！」

權限的授予必伴隨著責任。通常，權限與責任的關係（比例）是「權限＜責任」；而「權限＝責任」不過只是理想的形態而已，必須了解責任往往是比被授予的權限大，才是最正確的想法。

「起初，上司將所擁有的權限授權於屬下，然而卻在失敗時，將所有的責任推卸到屬下的身上，這實在太過分了，其實十之八九應屬於上司的責任才是——對於屬下這樣的抗議，實在很難應付！」

「是否在屬下不會失敗的範圍內，加以授權才是最正確的權限授予之作法？——等等以此來加以反駁。難道他們没有想負起責任去完成工作的意願嗎？」

確認

□瞭解權限如何授予。

□充分瞭解有關上司所掌握的權限。

□正確把握權限與責任的關係。

上司的自尊心

所謂的自尊心意謂著「榮譽心」，任誰都具備此種心態，且是一種努力加以保持的自我人格（品格、地位）。「榮譽」的相反詞是「恥辱」，所以，當傷害到對方的自尊心時，即是讓對方蒙羞。

有時，常會無自覺的做出或説出刺激到對方（上司）的言行，當發生這種情況時，總是只留意到對方的反應便加以責難。然而，一旦被上司叱責或受諷刺時，便將上司視爲漫罵或憎恨的對象，實在有失公允且有些過分。

其實自我宣傳並沒有錯，但所使用的手段必須顧慮到很多事項。

「我相當清楚T君十分博學，可是爲什麼要當著大家的面前，詢問我無法回答的問題呢？他就是在這方面不討人喜歡啊！」

「在會議席上，他突然提案，結果導致總經理質問我有關這提案的種種細節。因爲事前我並不清楚這些細節，所以無法對應，著實令身爲上司的我完全失了面子！」

像這樣能避免上司出洋相，或事前先向上司報告一聲再進行提案的態度，相當地重要；同時，也要常懷謙虛讓步的心態才行。

「以爲自己很有錢似的，每天都更換比上司所穿更高級許多的昂貴西裝，彷彿在炫耀一般，實在令人討厭啊！」

「以爲自己在課裡人緣比較好，便常有得意忘形的態度，真令人厭惡。」

當你在建立好的業績或功勞時，如果沒有避免這些漠視上司存在的言行舉止，將容易導致上司的憎恨。

「比以往多增加百分之七十的業績確實很了不起，但其泰半是受到我（課長）以及其他人的幫忙才能達到這樣的業績，這點你可不能忘記啊！」

「確實，這件重要的工作能夠成功，你的實力與功勞是不容置疑的；可是提供資訊，協助你不用去做其他工作的，是我的功勞，難道你忘了嗎？」

確認
□經常顧慮到避免去傷害上司的心靈。
□經常顧慮到能與上司同體一心。
□經常能加以控制處於上司的後一步位置。

上司需要進行屬下的人事考核

如果全體員工的人事考核是由公司的董事長親自來執行，則員工們的不滿與糾紛之情況會降低許多，然而上實際上卻是絕對無法做到的。通常一般的作法是由各組織的主管進行直屬員工的人事考核，以作爲調薪、獎金、升遷等的參考資料，不僅節省時間，同時亦較正確。

由於人事考核對屬下本人的一生有很大的影響，所以含蓋了各層面的問題。無論在知識或經驗方面，能確實了解到人事考核的重要性之上司相當多。同時，在各種限制之下，上司盡其最大的努力去執行的苦勞，也是不容忽視的。其行爲看起來彷彿沒有特別的留意，但實際上確實有仔細觀察屬下的工作態度；對於想從有限的資料中，去正確掌握屬下的服務態度，排除先入爲主的偏見與觀念之上司——爲人下屬者應該要有洞察上司認真的態度之目光才對。S君對於和同僚相較之下薪資顯然少很多的情況，感到相當地不滿，並要求課長能夠說明其理由。

「我的薪資爲何會比平均更低？」

「你的業績不過是中等程度而已；且執勤的態度及狀況多有瑕疵。」

「確實在業績方面，並未如預期般的那麼理想，但執勤的態度方面，我認爲並不輸給他人，是否在這一年中，都有和其他人做了詳細的比較？」

「當然囉！這也是我的職務之一。」

話一說完，課長便從外套的內衣袋中取出一本手册，翻開的某頁上皆是S君的執勤狀況之記錄。看見這情況的S君心服口服，心想：「幸好有直接詢問課長，否則真要因此而懷恨課長一輩子了——」。每回獎金分發後，總會有二、三名屬下來詢問課長，其最大的目的不外是表明獎金的金額比某人少的不滿狀況下，來要求說明的，這次自然也不例外。果然，T君就來找課長了。

「這次平均分發了二點五個月的獎金，可是我計算的結果卻發現我只分發了二點四五個月金額，我想請課長說明理由——。」

「這便表示你還沒有充分理解我們公司獎金分發的人事考核制度，這並非什麼秘密事項，所以讓我告訴你吧！這是從A～G分成七個階段，A佔全體職員的百分之五，B佔百分之十，諸如此類採取分段記錄業績的方式。所以即使業績是平均以上的人，倘若運氣不好，有可能所獲得的是平均值以下的獎金。我也曾經向上級單位反應人事考核法要更合理化些，但一直未被採用，希望你能察覺，我也是以很遺憾的心情去記載考核表上的分數，這次就請你多擔待些吧！」

通常，被考核的那方自然會產生各種辯駁和不滿，可是也不能忽視執行考核者（上司）的各種疑問與煩惱。另外，感到有委屈時，不要以太過凝重的心情去質問上司，也應該避免產生懷恨主管的心情。

確認

□瞭解執行人事考核也是相當辛苦的一件事。

□瞭解人事考核的內容。

□有疑問時，儘量要求主管說明。

2 上司也是有人性的人

上司也有很多欲求

上司不過是一個凡人，自然也會有許多的欲求，且爲了要滿足各種欲求而努力地奮鬥。通常，欲求內容會因職位、年齡的不同而有所差異，然而，基本上大致和屬下擁有的欲求相同。

有時，會因煩惱而心焦；有時，會因牽强地堅持己見或爲著不如意之事而生氣，因此，在不知不覺中牽怒了對方。

欲求多半是本能性的，所以容易被外表所隱藏。故在上司與屬下的關係中，如何去推測探索對方的真意，便成爲相當重要的一環。譬如：對上司的警戒或叱責，毫無考慮前因後果，便盲目地加以接受，而後再獨生悶氣或因而怨恨上司，則這種想法不免太過單純了，應能體會上司的真意才是最正確的。

上班族的欲求大略可分以下三種（最終的）。

各種欲求

基本性的欲求（第一次）	生理的欲求	食慾、性慾、睡眠慾
	安全、安定的欲求	生存欲、逃避危險及求生活安定
社會性的欲求（第二次）	勞動的欲求	想做好工作、對社會有所貢獻
	協助的欲求	想互相協助及貢獻
	集團的欲求	想參與夥伴的行列
	被肯定的欲求	希望被認同及提高評價
	自我實現的欲求	想把能力發揮到最高的極限，且希望過著愜意的生活

●所得、地位——希望能得到更多的薪水，更高的職位。這二者之間關係密切，是被肯定最重要的欲望。

●名譽——想被褒揚，尊敬、重視的優越感之慾望。

●自我滿足——想做有意義的工作或發揮能力，過愜意的生活等的自我實現慾。

擁有這些欲求是極爲自然的，假定將這些欲求都予以放棄，則無論是站在個人或上班族的立場來看，都將喪失最大的生存魅力。

「如果你將所有的過程更仔細地向我報告，則絕不會喪失訂貨的機會，這表示你疏忽職守（原本這次想給你更高的獎金的——然而實在太遺憾了）。」

「連續二次的犯錯記錄，實在太不應該

了，你到底在幹什麼呀！應該更提高工作意願認真的去工作才是。你知道有些人甚至批評你是只領薪水而不工作。（人事的調動已近逼眼前，前途一片黑暗。如果這次我没辦法升遷，那你不過也只是一直當股長罷了，你應該要了解我的心情才對，隨著我的升遷，才能夠順勢提拔你啊！爲此，努力地工作吧！）。」

「没有辦法計入本期的銷售額嗎？這麼一來便不能拔得頭籌，由於無法達成目標，會招致經理的漫罵呀！（倘若比賽能獲得優勝，董事長一定會直接表揚，同時你也能領到最優秀的業務員的獎狀和獎金，我會一直予你精神上的支援的）。」

確認

□充分了解上司的欲求。

□避免由於上司表面上的指責就生氣。

□努力去理解上司的本意。

上司也有感情

倘若你因爲上司年事已高或經驗豐富，便認爲其不會再感情用事，有這種想法實在是大錯特錯囉！既然上司也是人（不是造物主），自然會隨著周遭環境的變化或身心上情緒狀態之轉變，感情也會起波瀾。

譬如遇到極高興的事情時，上司若以令人感覺肉麻的話來表現，面對此狀況，身爲屬下者應以平淡處之的度量來對應才是。

「這次多虧你的幫忙，才能平安的渡過危機。你很懂事、且又有關懷之心，可說是我的救命恩人、我們課裡的希望、不可或缺的靈魂人物！」

「別那麼誇獎啊！我不過盡了自己應盡的義務罷了。（課長說這話的意圖顯而易見，但是可能過於高興，所以就讓他盡情去表現吧！）」

可是當憤怒的感情爆發時，問題可就嚴重囉！以上司的立場而言，自然有其憤怒之理由，所以屬下這方面便應該愼重地對應才是，不然事情往往會愈鬧愈僵。

「什麼！要我提出證據。一開始就沒有什麼證據啊！但你仍是那麼堅持，好吧，那我就依自己的想法去處理了。」

「（我是否太過於堅持了呢？在彼此交談的狀況下，應該到這個程度就必須收斂了啊！）經理，請原諒我吧！我說得太過分了。」

「你忽視課長的存在，擅自做決定，未免也太瞧不起上司了吧！」

「（我實在太過衝動了，應該要誠懇的道歉才是）——。」

「怎可用這種口氣對上司說話，你應該好好學習敬語的！」

「（我差點忘記在親密中也不能忽視禮儀的原則，今後我應該要多多謹慎些——）……。」

除了上述這些情況外，上司因不安或恐懼所呈現出的無自信的舉止言行，或有關心理層面的轇轕所引起的困惑的行爲，身爲下屬者應懷著關切的心情去加以推測或顧慮，如此才是應對之上策。

確認

□上司也和部屬一樣有感情。

□能察知上司的言行舉止之間，感情的起伏及變化。

□努力去理解上司感情的變化。

上司也常會有誤解的時候

時有錯覺或誤會是人之常情，記錯或誤解等的情況也常會發生。除此之外，雖有些情況在腦子裡可以理解，但卻無法排除先入爲主的觀念或偏見。

上司對屬下的警告、叱責，工作的分配，評價等，起因於誤解，偏見的情況不少。然而，上司也是有感情的人，倘若因此而加以反抗或到處說上司壞話，實爲不智之舉。一旦有誤解應該加以理清，有偏見則將其糾正，如此才是改善關係的先決條件。

「我不是一再的叮嚀你這是極秘密的事項嗎？可是你爲何還將其洩露。如此一來，簡直是公開了我們的致勝籌碼嘛！」

在這種情況下，如果你仍繼續保持緘默，上司將信以爲真不僅無法釐清誤解，相對地也不能排除責任問題，同時會被烙上多嘴，不知輕重緩急之不良印象，再也難以取得上司的信賴。

「身爲負責人，對此我感到相當地遺憾！然而並不是我去洩露的。當時，我在廁所並不在現場，不信的話，你可以質問B同事便可得到證實了。」

另外，誤解上司的真意的情況也不少。然而，只要別忘了糾正錯誤是使人際關係保持圓滑所不可或缺之要因便無大礙了。

「我並沒有表示課長太强迫屬下的意思；我是說考慮到公司營運的方針及上層的壓力下，這次課長的指示並不是太牽强。因此，我們一致同意，在期限之前，無論如何一定要將任務達成。」

另外，也常爲上司先入爲主的觀念及偏見所困擾。

「股長，你讓我做稍微高難度的工作好嗎？」

「K君，難道你已經忘記上回的那次大失敗嗎？常言道，有一必有二——所以不行！」倘若聽見這席話你便知難而退，則將無法矯正上司錯誤的偏見。

「那您的意思是說有二次必定會有三次囉！既然如此，請不要因爲第一次的失敗就低估了我，當時我還經驗不足，加上身體的狀況不是極良好；但是，目前情況都已好轉，所以，請您再給我一次機會，假如這次又不成功，我會重新再將它做好的——。」

確認

□努力解開上司的誤解。

□上司有錯誤時，婉轉的加以糾正。

□想辦法矯正上司既有的偏見。

上司也有柔弱或自卑感的一面

據說愈膽小的狗愈會叫，其實，人不也正是如此。漫罵、吼叫、嘮叨不停——乍見之下，會讓人感覺彷彿是很有實力或很能幹的人；但實際上，其多半是小心翼翼、內向、又有杞人憂天的傾向。真正有實力的人，除了事態特別嚴重的情況外，平時說話的口氣都很穩重，不會輕易動怒或多話。

然而，令人遺憾的是，這麼堅强果決的人向來少見，大多數的人往往都有柔弱及自卑的一面。這正意味著，以或然率的觀點來看，上司也可能同你一樣是個柔弱的人，尤其以喜歡怒罵吼叫的上司，可能性更大。

「在尚未接觸到這份工作之前，不要說你不能勝任，只要肯努力去做，任何事情都能夠達成。」

「你的要求也未免太多了吧！不是要上司說明工作的理由，便是要人指導該如何去工作——。你到底有沒有工作的意願啊！」

「我也知道這些日子一直連續加班，所以這次我才會如此低聲下氣的要求你能否才次加班——。既然如此，我決定以業務命令的口氣再宣佈一次，你要下定決心才回答。」

「我果然有先見之明，確信你一定能成功。幸好當初因爲我太忙沒辦法做，而交予你去辦理。」

有時，當上司沒有辦法以很理性的說辭加以說明時，往往會以口氣粗暴的漫罵，或是態度蠻橫的命令語氣來掩飾理虧的心態。倘若你不巧遇上上司這種態度，則可能認爲——

「（不過是因爲不甘示弱，才如此逞强。）」

「（爲了要掩飾他的弱點，所以故意虛張聲勢。）」

「（想來是怕被我知道他有自卑感，所以才用這些話來討好我！）」

然而平心而論，應該同情上司的立場，才是最正確的作法。

確認

□瞭解上司也有弱點和缺陷。

□知道上司的自卑感源於何處。

□能夠顧慮到上司的言行舉止之背景因素。

是否太過分要求上司要十全十美

由於辜負對方的期望所引起的有關失望、生氣、沮喪、憤怒、嫌惡等的感情，在上司與屬下之間也是無可避免會產生的現象。

「我原以爲他很會體恤屬下——。相信一定會接受我的提議的，結果令我相當失望，課長他——。」

「我一直相信副理是公司裡的幹部中，責任心最重的人，這點也是全體員工所肯定的。但令人意想不到的是，在這次重要的關頭他竟然會推卸責任——。」

「我與上司之間的關係難道一輩子都會這麼不順利嗎?至目前爲止，我已經服務過六位上司了，可是總遇不到心目中理想的上司，即使是接近理想的上司也沒有。」

雖然理論上，在經驗、年齡、能力各方面，上司往往都優於屬下，但也不能因此而太高估上司的形象，認爲他應該成爲上班族優秀的典範。記得前面曾提及，上司也是有感情的人，也就是說，他同屬下一樣，認爲自己是最可愛的，希望比他人升遷的快，也需要照顧家庭，擁有各式各樣的欲求、煩惱、感受和缺點等。

下面即列舉出一般人心目中所認爲的理想上司的形象（此乃依據屬下的價值觀來決定）。只要稍微放寬尺度，便頗符合上司的實態，同時也能降低你的失望感。

①能夠體恤屬下。

②信賴屬下。

③經常以真摯的態度工作。

④有培育屬下的信念。

⑤視野遠大，有預測未來的眼光。

⑥有強烈的責任感。

⑦公私分明。

⑧有解決問題的熱誠。

⑨凡事以人的立場爲優先考量。

⑩身心皆很健康。

將上述的條件稍微放寬（降低水準），情況如下：

- 對屬下的照顧還算可以。
- 還頗信賴屬下。
- 在工作方面偶而會偷工減料。
- 培育屬下比較熱心。
- 不會只重視眼前的利益。

•還蠻有責任感。
•有時會為一點小事而公私混淆不清。
•對問題的解決並非很消極。
•頗尊重人性。
•心身方面還算健康。

確認

□對上司仍可以存有理想的形象。
□儘量不將心目中理想的形象鈎勒得太誇張。
□當上司的形象不如心目中所期望時，努力不嫌惡上司。

3 是否有盡力而為

有沒有動腦筋認眞地工作

任誰總是認爲自己的言行才是正確的，但是由他人的角度來看，或許會認爲有偏差或自大，然而本人往往都不會察覺；因此，在人際關係上，尤其是上司與屬下之間，便很容易產生齟齬。

身爲屬下者，往往認爲已經相當努力在工作，凡事儘量顧慮周全，可是上司還會批評說：

「你說工作已經完成，這話只是嘴上說說而已嗎？你看看！遺漏的地方那麼多，這樣你還說已經完成，多用點腦筋去做吧！」

「雖然你說這件工作還是加了班才完成的，但成績卻在水平之下，就是想要讚美你也沒有辦法。只是浪費時間而沒有抓到竅門有什麼用？不要老是耗費體力去工作，應該多用點大腦才是！」

認爲工作是靠手足與汗水建立起來的觀念已經落伍了。話雖如此，至今仍有許多人的價值觀還停留在農業社會及工業時代，這的確令人相當困擾。目前的社會已邁入高科技及資訊化的時代，因此至少也應該多多運用比電腦還縝密的頭腦去思考處事，才是現代的上班族應有之態度。

使用頭腦仔細地思考如何去工作的首要計劃性之條件，乃是先做好準備才著手工作，並且努力發揮創造力。

「U君，我並沒有說你只是應付了事，只是我覺得你如此拼命地做，結果卻未能如期完成其最大的原因，就是事前沒有做妥善的規劃；換句話說，就是沒有用大腦仔細先思考就貿然行之。」

「記得我曾經交待過你，想怎麼做就放手去做，這表示已經給你很大的衡量範圍，爲何你卻沒有好好去思考呢？」

上述的思考並非指浮面性的思考，而是指徹底的，全面性的深入去思考各層面的問題，然其前提必須要有完成的意願，這也正意味著正面的不平不滿與問題意識將接踵而至。

「只是漫無目的的思考是想不出什麼所以然來的，不過只是一些極平凡的方案和千篇一律的政策罷了！拜託你多想幾天吧！最好能思考到腦裡冒出汗來。」

「我想你根本就沒有好好想過，爲何要這樣做才能解決問題——即缺乏無論如何都要完成的構思和心態。所以才一直無法克服障礙，破繭而出。」

第三點便是要一面提高效率和生產性，一面進行工作；此即意味著要能經常考慮到工作的過程是否正確迅速，具經濟性，及什麼進行方式最完善。

「你說你已經完成任務，但是做得不正確又得再重新做一次，這麼一來，哪有什麼效率可言？」

「要慢吞吞的做，任誰也能勝任這份工作；但要在期限內完成才有價值啊！」

「像你這般沒有經過仔細思考便大量使用經費，即使達成任務也不合算啊！」

反省

□是否有計劃性地去執行工作。

□有無絞盡腦汁去進行任務。

□是否依據提高生產性的指向而工作。

工作時有沒有考慮到「附加價值（Plus value）」

倘若沒有依靠「能力和努力」，則目標將難以達成。雖然，大家在理論上都能了解業績不振和附加價值的不足有密切的關係，但是當事人沒有這樣的悟覺的例子卻相當普遍，此現象令人頗感遺憾。

「時間根本就不夠，可是卻要——。」

「對方（客户）說不要，怎麼還好意思强迫送貨品去呢！可是課長卻爲此而批評說我做事魄力不夠，但有魄力拼命去推銷也不一定就會成功啊！」

「現代景氣不好，所以業績頗差，要是能打些折扣就能夠推銷了。」

雖然打卡的結果都沒有違反上班的規則，也沒請過任何一次假，並且依上司的指示去工作——但若是如此便自我滿足，則不能稱得上是個成績及格的上班族。應該還要考慮附加價值，抑就是對工作的完成有使命感及富有挑戰的精神——倘若工作時喪失奮不顧身的態度，則將不可能獲得比期待更高的成果。

本來公司是個組織（即使是部，課也是相同），經常會有人手、時間、經費不足的狀況。同時也有交易條件和法律、規則等方面，遭受限制的約束。且一旦情勢轉爲不利的方向，雙方的買賣便不合算，進而影響發放的薪資及獎金。而了解此狀況的上司，自然會有如下的埋怨。

「你們都缺乏了無論如何要達成目標的意願，只是按時間準時上下班，並不意味著是認真工作。」

「只模仿別人的方法去做就能獲得好成績嗎？這個社會才沒有這麼單純呢？在工作的過程中要能發揮自己獨特的個性才是最重要的。」

「寧爲玉碎不爲瓦全，不要怕麻煩怕失敗，否則將無法獨當一面。」

反省

□有沒有以強烈的意願去工作。

□有無將成績不佳的責任轉嫁他人。

□是否有以奮不顧身的態度去工作。

有無半途而廢

目前社會的生活水準提高很多，環境也多有改善，只要願意稍微活動身體，要維持生活極爲簡單。因此，容易導致任性，無法忍耐痛苦和欲求不滿。這種傾向，在工作層面的人際關係中亦常出現。往往只受到一點挫折，便半途而廢者有趨增的現象。不想揮汗工作，不願忍耐挫折，缺乏堅强的意願而不努力工作，擁有這些想法的人，往往都不想太勞苦或喪失耐性——且不願意去追求更合理及效率化。

「依靠過去的經驗而言，你一定做得到的。只是才委派工作予你，還尚未做便抱怨推拖絕對無法如期完成，這樣像話嗎？既然你一直在領薪水——其實這句話我一直很不願意提起，但是你再儘量去做做看吧！」

「只被拒絕一次就以爲不被接受的想法太單純了，推銷的工作可說是由被拒絕的那一刻才開始的，即使當面被拒絕十次也無所謂，在尚未得到對方答應之前，再繼續訪問推銷便是。」

「不要以自己的想法去解釋推斷，而放棄再努力的機會。在尚未成功之前，一定要繼續努力，你決不要再開口說可能或假定等心意不定的話語。」

必須要知道當上司開口說這些話時，便是你最大的恥辱，因此在此時必須要有如下的心態：

「交待我這麼重要的工作，我無自信能否勝任，但無論如何我會努力去做。」

「我可能無法再獲得更好的成績，但是我決不會放棄繼續挑戰的決心。」

「難怪會被指責無耐心。所謂有志者事竟成，這句話我會牢牢地記住。」

等等以此構思及心態去奮鬥才行。

反省

□是否曾推辭做不到而一開始就加以放棄。

□是否一開始便認爲一定做不來而不想加把勁努力去做。

□是否經常自我奮起面對挑戰。

是否有努力地尋找工作

除了被稱爲指示等待族的新進人員之外，若已有相當經驗的資深職員，還命令其去做指示性的工作，則似乎有些過分。

「做了没有被指示以外的工作是否是越權的行爲？」

「其實如果所交待的工作是必須自發性的去做，這將會令人相當困擾的。難道，還要我出售所經銷的商品以外的商品嗎？」

「工作時還須有所創意的說法令人難以理解。因爲依自己的方式去做，可能會被挨罵，且另一方面還要與上司諮商後才能行事，則會降低工作效率。」

乍聽之下，以上的說辭彷彿頗爲合理，然實際上，有這種想法實在太過於消極且不正確了。

做了被指示以外的工作是否便是越權行爲？此應由其工作過程及性質來決定。如果是在被授權的範圍內，基於改善工作的方法及改變方式，以促進工作效率的提高之前提下而擅自從事，似乎不能說越權的行爲。雖然說工作是必須自發性的去做，但並非指的是去做完全不同性質的事；即在上司尚未交待之前，將所必須完成的工作及其周遭有關連的次要性工作，自發性的做好之意。而所謂的發揮創造性，就是意謂著在執行工作時，有創意下功夫，以少量的投入，收更大的成果——即自主性（積極地）的提高的生產力。

如果在執行工作後，還被上司訓誡說：

「雖然你說你都有按指示將工作做好，但若因此便感到滿足，則不能稱得上是一位優秀的上班族；你不應該忘記去檢討看看是否有欠完善之處。」

「既然我已全權委任予你，有關工作的處理方式你應該多下功夫，努力去執行，以期提高業績才是。」

等等，諸如此類的話時，爲人屬下者實應感到愧疚才對。

反省

□有無經常顧慮到主要工作週邊相關連的工作。

□是否常關心工作方式的改善及提高效的問題。

□能否洞察上司的想法而積極的去工作。

是否能有效的利用時間

所謂工作的成果是依「能力×意願×時間」的計算方式而決定的。在此，我們便來探討有關時間的應用法。

一日有二十四小時，而一般服勤的時間約佔去八小時。因此，如何去應用和分配有限的時間，不僅與工作成果有關連，更誇張的說，也與人生之成功有密切的關係。一般而論，時間的活用法包含以下幾點要素：①分配（有計劃性）、②集中（重點性）、③撥排（刻意的）。通常，上司對拙於安排時間的屬下感到相當的不滿，甚者加以叱責。「因爲你拖拖拉拉的辦事，所以無法達成預先所期待的業績。沒有事先計劃性的分配某某工作須用多少時間來完成，怎麼能夠有效率的達成既定的目標呢？每次期限一到，才發現還有工作沒做好，這表示你太怠忽職守了。」

「你應該了解工作不同，自然金錢的調度與重要性必有差異。既然如此，愈重要的事則愈需要集中精神去做才行。所有的工作都以同樣的方法去做，業績當然不能超越百分之七十啊！」

「一天有二十四小時，上班時間爲八小時，中午有一小時的休息時間，這是不容更改的事實。但爲了節省時間，你可以提早些上班，或利用極短的時間將雜事處理好，以撥冗來做其他的工作。以後，請不要再藉口時間不足才無法完成工作。」

往往經驗愈豐富者，愈能熟稔的運用時間。這是由一連串錯誤的嘗試中所獲得的成果。因此，對上司的忠告或諫言，應視爲一種職業教育。

爲了活用時間，以時間爲單位去衡量事物是最有效的方式。試想，倘若不清楚自己的時薪及人事費用的制度，怎麼會努力付出心血地工作呢？假如屬下太浪費時間，頻繁的休息或抽菸時，上司往往會開始嘮叨。

「倘若將一天平均的人事費用認爲是年度總收入額除以一年三百六十五天來計算的話，則工作效率自然會降低啊！應該將年度總支出金額（含稅的），加上公司所負擔的保險費用，除以實際勞動的日數而非三百六十五日，如此才是最正確的算法。也不要以爲一

時間的分配與集中

〈24小時的分配（年平均）〉

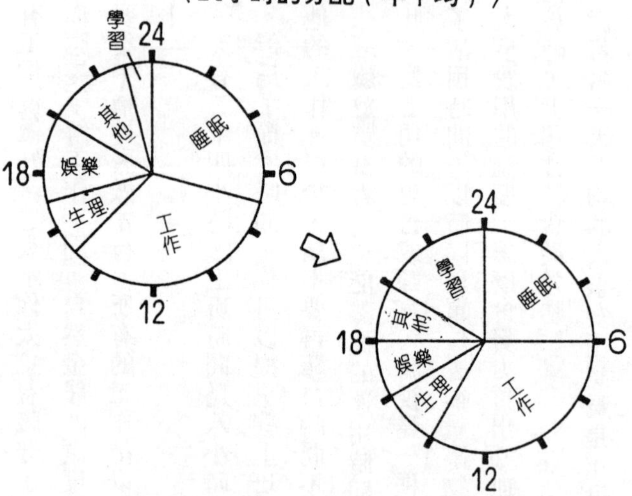

〈工作時間的分配與集中（内容）〉

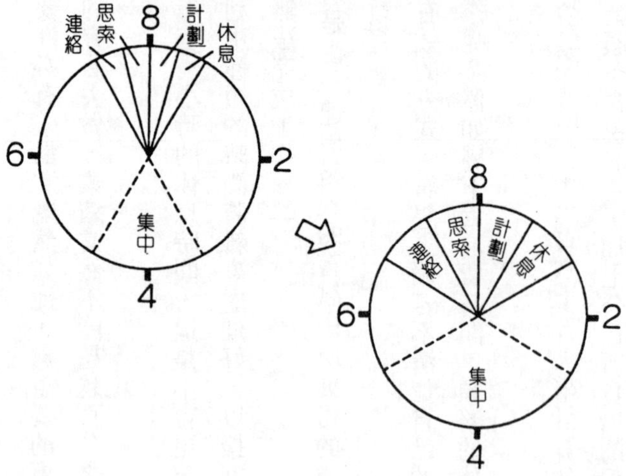

個禮拜休假二天便因此而興高采烈，應自覺到由於如此，每天的工作量會增加，而需要更加努力才是。」

「在前一天便應做好翌日的計劃，決定好工作的優先順序，早三十分鐘上班，晚半個小時下班，不浪費時間，儘量多撥時間工作，同時私人生活的時間也要有計劃性，如此，才能有效的利用時間，不會因爲時間不足而煩惱。相信不出三年，必能有所斬獲。」

反省

□是否能有計劃性的分配時間，以避免時間的浪費。
□是否能重點性、集中性的提高時間的效率。
□是否經常顧慮到自己的時間單位的人事費用。

4 有否產生盲點

是否有以自我為中心的作風

反省與自卑兩者是不能混爲一談的。同樣的，站在對方的立場爲其設想和奉承阿諛，自然也有差異。不過，自我中心想法强烈的人很難去區别前者的狀況，通常會以不想委屈自己，或不想奉承他人爲理由，固執地使自己的言行正常化，而不會加以反省檢討。

「倘若是早就約定好的事，自然應該優先去做；但課長臨時才提出指示要我們立刻去辦，這才是有問題呢！我才不想委曲自己去向他道歉，說是爲了私事，没辦法加班，真對不起您的這些話呢！」

「這件事明明是副理失態才會引起的。當然，負責人是我，只要我自發性的去向對方的董事長道歉，事情自然能迎刃而解，但是我覺得不需要委曲自己去做這件事，以免落人閒話認爲我是在巴結副理。」

「反正有任何功勞還不是都歸主任一人，雖然主任是我的直屬上司，但我才不願違反自己的心意去巴結主任，說恭禧他得到董事長褒揚的那些話呢！」

像這樣太任性的態度，即使是基於非常正當的理由，也只會徒增上司以感情用事或命令的語調來對待你而已。再者——

「雖然我違反了某些規則，但是也確實地達成了被委託的任務，所以，應該對我另眼相看才是。」

「所長彷彿對我下班時間一到便急忙趕回家的行爲表示很不滿。可是，在時間方面，公私之分要清楚，同時工作也不能太過勞累啊！爲順應世界性潮流的趨勢，所長，您應該要有國際化的共識才對——。」

「當我身體狀況不佳時，總想稍微放鬆一下心情，因爲如果太勉强自己去工作，只會導致病重而需長期請假休養，徒增公司營運上的困擾罷了，但上司往往只想到眼前的利益便嘮叨不停，實在令人受不了。爲人上司者，應以更長遠的眼光與胸襟來判斷事物才對。」

等等，諸如此類太自我中心的想法，必然也會惹上司生氣。

「實在有點看不慣V君傲慢的態度。雖然能達到好的業績是很重要的，但並不是只提高業績就好，我告誡他遵守最低限度的法則與禮節也是同樣重要的，可是他彷彿無法完全了解；看來，真得需要我再由最基本的地方開始教育他了。」

「他很會找藉口辯解，其實不過是圖自己的方便罷了，從不站在別人的立場去思考。上回我勸他說能和他人保持圓融的人際關係，才是邁向國際化的第一步，不曉得他是否能夠瞭解。」

「對任何事情，W君總是朝對自己有利的方向去解釋；有人說他是樂觀者，但我覺得他實在太任性了，因此前些日子激動的罵了他——你真應該一直做到體力不支倒下為止。不過事後又覺得這話說得太重了。」

反省

□你是否認爲自己的言行都是正確的。
□你有無站在對方的立場去思考。
□是否凡事皆朝自己有利的方向去解釋。

瞭解自己本身的眞面目嗎？

通常，自己所看到的自我形象與他人（上司）所認爲的形象之差距愈大時，產生的糾紛和摩擦也愈頻繁。也就是說，上司便會常對你感到生氣或失望，隨之，叱責和要求也就愈多。而屬下方面則會有不平不滿的抱怨，甚者會產生怨恨或憎惡之情。

「因爲這件工作需要較機智的人去辦，所以才指派X君負責處理，而不考慮Y君。但他卻向外界誇口指其才是這件工作最合適的處理者，嗯！他未免也太自大狂妄了吧！」

「我很意外他是那種三分鐘熱度且開口只會說大話的人，但依據他過去的實績來判斷，證實他確是一個這樣子的人，我原以爲他是一個很有耐心的人呢！」

「Z小姐，妳到底有沒有懷有專業職員的自尊心呢？如果沒有積極地去吸收新的知識和技法，在競爭上根本無法拔得頭籌。請你不要忘記一年前的商品，現在已經沒有什麼價值了。」

可是爲人下屬者很少會坦然地接受上司的告誡。

「(主任太不了解屬下了，尤其根本不清楚每位屬下的優點和最擅長的專長，所以才無法善用人才。)」

「(課長對於屬下的談話或私人對外的交往太過於消極，所以才不能正確的掌握屬下的性格。因此，只依猜測的方式便決定工作的配調，自然問題叢生。)」

「(屬下知道什麼，專長是什麼——希望爲人上司者能夠充分地了解。但其往往依靠自己的尺度去衡量屬下，分配工作，因此才會產生種種的錯誤。)」

雖然一般人往往這麼認爲，但是在批評上司之前，屬下應進行自我分析，先正確瞭解自己的真面目。

反省

□爲了正確了解自己而進行自我分析？

□關於性格與能力方面是否有進行自我申告？

□是否曾努力去排除上司對自己的誤解？

是否有發揮協力的精神

所謂組織就是指衆人之集合體。人之所以聚集的目的，即在於提高效率，其根基不外是協力＝團隊精神。

往往在公司裡，倘若成員有五人，經營者不會只單純的認爲只要提高一人之五倍的業績就好，其通常希望能五人達到七倍，十人達到十五倍的業績。因爲，依相乘效果之理論而言，人員的增加所達到的成果並非依加算性質，而是以幾何級數性的方式來提高的。而上司是組織的最高負責者，自然會有這種想法和期待感。

前面曾經提過上司（管理者、主管、負責人）和捧球的監督教練很相似，棒球是一種團體競賽，所以團隊精神——統一編制好的共同作業——若沒有建立，則很難獲勝，而其不可或缺的就是協力的精神。所謂的「協力」，並非只是彼此關係良好或相互幫助而已，還意味著如下幾點性質：

- 正確的提供所需要的資訊。
- 主動的提出支援與協助。
- 努力營造容易工作的舒暢環境。

等等的高水準的言行。

通常，教練爲了要獲得勝利或是提高獲勝的機率，往往會要求全體隊員要注重團隊精神。

當選手個人的成績對勝利或獲勝率有貢獻時，則會加以褒揚（但如果選手的表現太差，沒有什麼貢獻，教練可能會面露不悅之情）。

可是如果對團隊精神有阻礙，造成戰敗，有怠慢的行動，或只是個人的愛出鋒頭，則往往會受到嚴厲的處置，輕者叱責，重者禁止出場。

這現象與上司的情況頗爲相似，爲了要提高課與部的業績，團隊精神就顯得相當重要，在職務上便免不了會以命令或強制的態度來要求你，有時甚至會大聲漫罵。但是，這也不能全然地指責是上司的不對。

「我相當清楚下禮拜六放假，但是爲了要整理一些傳票和文件，已多數票決那天上午要上班，所以只有你想放假是不對的，無論如何一定要上班。」

「工作做完的人主動去協助他人，才是同一部門的同事所應盡的義務，我常告訴你們有困難要互相協助，到底你們有沒有聽懂呀！」

「倘若由顧客那兒得到情報應該要提供，由於你沒有提供，使得大家多麼地困擾。」

正如前所述，爲人屬下要向上司提出反駁或抗議時，必須先徹底地冷靜思考與反省才是。

反省

□是否努力遵守組織的秩序。

□有無主動地去協助或支援他人。

□是否能以團隊精神優先考量。

你是否懷有多一事不如少一事的心態

所謂的無事主義就是期望得過且過的消極主義，希望任何問題最好都是「平安無事」。倘若慎重行事，謀求平安，防範失敗，避免爭端——是意味著平安無事，自然是好；但若什麼事都不想做，過度怕危險及失敗，逃避爭端，則將被批評爲無氣力、無責任、無關心的人。

以上司的立場而言，如果屬下的態度屬於前者，尚可接受，但若屬後者，則不容原諒了。如果屬下認爲自己是屬於前者的無事主義者，但上司卻認爲其實際的表現强烈地傾向後者，自然在感情上就會產生摩擦，因而導致上司嚴厲叱責屬下，而引起其嫌惡之感。

有時，太過度的保護自己的安全會被誤以爲是無事主義者。

「只不過會找種種藉口辯解而已，其實什麼事都不想做，根本就是只說不做的典型嘛！」

「（課長所喜歡的是不顧一切猛幹型的人，對於慎重地思考，確認安全之後才付諸行動者，往往會嚴厲的指責）。」

另外，因太多慮招致失敗者，也會被誤以爲是無事主義者。

「你還那麼年輕，應該要有强烈的冒險慾望才對，凡事都怕會失敗，怎能夠成大器啊！」

「（愚蠢者才會冒可預測到會招致失敗的風險呢！難道其不了解爲了避免造成不應該的損失，而儘量防範失敗的態度嗎——。）」

再者，爲了迴避不應該發生的爭執，結果也會被批判爲無事主義者。

「往往在開始議論時，你就有馬上停止説話的傾向，像你這樣的態度，怎麼能夠進步與成長呢！」

「（因爲我知道這將是一場永無休止的爭論，所以，在吵架之前，便主動放棄繼續爭執下去，我也是顧慮到上司的立場啊。）」

反省

□是否留意去避免凡事太過於愼重處之？

□是否過度地怕失敗？

□應該爭論時，是否不逃避？

有否努力提高能力

「在公司裡所需的能力，是只要認真的做工作，自然就能提高；所以，不需要特別的努力。」

「加班，或是假日還要上班等，由於勞累過度，不僅沒有空閒的時間，且又覺得很疲倦，如此怎還能夠磨練專長？」

「薪水少的生活都困難維持了——。連零用錢都不夠，怎還有錢投資在獲取更高資格的進修上呢！」

所以辯解說不需要再用功，或是想用功也沒有時間和金錢——將不努力提高能力的理由加以正當化者很多。其實時間和金錢不是隨便就能得到，而是要有計劃性、意識性的去努力才能獲得。

任何一家公司都有相同的狀況，即缺乏優秀的相關人材而顯得人手不足。而且，似乎沒有超額的利益付給冗員，故總希望裁員以確保營運的正常及安全。相對地，亦强烈的要求現有的員工及屬下能提高水準；即期望員工能自主性的將個人的能力完全地展現。

因此，當上司感覺到屬下辜負了公司（上司）的要求及期待時，因焦慮感而引發憤怒的情形時有見聞。

上班族的能力提昇慾望

自我啟發・10項
〈可以複選〉

1.閱讀有關工作方面的書籍	60(%)
2.有目的且意識性的閱讀報紙	50%
3.閱讀與工作方面無相關的書籍	43%
4.有不懂之處馬上大察證	42%
5.注意他人說話的內容	41%
6.努力維持身心的健康	41%
7.經常做自我反省	40%
8.積極與朋友交往	38%
9.為了自我進修而設定目標	36%
10.積極參加進修或研習討論會	26%

（第一勸業銀行調查）

想要取得的資格・10項
〈可以複選〉

1.中小企業顧問	38.3(%)
2.社會保險勞務師	26.6%
3.稅理師	26.6%
4.土地建物交易主任	16.7%
5.英語檢定資格	14.9%
6.司法代書	14.6%
7.行政代書	12.5%
8.簿記檢定資格	9.5%
9.不動產鑑定師	6.9%
10.房地產調查師	6.6%

（人力中心調查）

「你簡直和去年完全没有兩樣嘛!在這一年你到底學到了些什麼?雖然基於業務性質,唱好卡拉OK,精通棒球是很重要的事,但是有關專門領域的法律問題,也必須要熟悉啊!所以,凡事應該要努力學習才是。」

「如果你恃才傲物,對現狀感到滿足,遲早會落伍的。確實,有一技之長很不錯,但像我們這樣的上班族,必須要適應時代的要求,成爲企業界優秀的管理者才行。所以,總希望一個人能有兼任二、三種工作的能力,不然便無法成爲課裡的主力而獲得高的評價。」

「上班族所須具備的重要能力之一是擁有强健的身心,這是極爲當然的事,毋需贅言。不要以爲接受定期健康診斷後就可確保無事,要知道疾病的預防根源於日常生活習慣的正常。

雖然你不願意別人干涉你的隱私生活,但依你的情況,實在不得不干涉。以後,想喝酒就在家裡喝就好了,打麻將和其他的交際應酬別太過度,下班後趁早回家才有充裕的時間好好的休息。如此一來,不僅有利於健康,也能撥出時間做進修的準備。別忘了,在這年輕的三、五年期間,是決定你人生的重要關鍵!」

反省

□有無經常確認成長的程度。

□是否能朝著企業界的總管理者之目標前進。

□是否努力加強身心的鍛鍊。

第四章 成為能影響上司的卓越輔佐者

1 如何獲得上司的信賴

讓上司瞭解你的工作慾望與熱情

學習工作的技巧和完成被交待的工作是屬下所應盡的責任及義務，此毋庸說明，衆所皆知。不可能因爲你個人不喜歡上司，就想逃避工作或以敷衍了事的心態工作，如此一來，不僅會被上級指責你怠忽職守，同時與上司的關係亦會更加的疏遠。

假如你確定討厭上司的原因是由上司所造成的，那麼，也不應該將其感覺與公事混淆。同時，上班的作息絕對不可能與工作無關，所以不能因爲討厭公司就自暴自棄、偷工減料或敷衍了事，如此一來將什麼也學不到，到頭來損失最慘重的還是自己。

「如果經理能夠改善他盛氣凌人的態度，我們會更認真的去工作的；否則光看到他那臉色，工作意願就馬上降低了。」

「每次一聽到他那雞蛋裡挑骨頭般的訓誡，就讓人疲憊不堪，火冒三丈，實在令人厭惡啊！」所以才無法，也不想認真去工作——這些都是屬下單方面的想法。如果以此狀況長期維持下去，不過是一連串無建設性的埋怨罷了，最後負面的影響必定回應在屬下本身。因此，爲了自己的前途著想，應該要朝建設性的立場來對應才是。也就是說，雖然與上司不能很投緣，可是工作與私人感情要公私分明，仍必須保持著强烈的慾望與熱情努力地工作，如此將在上司方面及工作上有顯著的影響與差異。

「本來我是不喜歡他的，但是看他應做的事都能認真做好，頗讓我放心，因此，其他方面也應該以寬恕及關懷的態度去對待他才是。」

「看他毫不客氣且直言不諱的態度，實在令人生氣，不過可能是由於工作意願太高昂的緣故吧！反正說話的口氣和態度可以在有問題時加以訓誡，但是有魄力的地方也應該要加以賞識及讚美的。」

像這樣由於屬下對工作的慾望及熱情，能博得上司的好感而想親近屬下的心態是不容置疑的，這可證明屬下認真的態度能使上司由衷產生信賴感，所以積極去做別人討厭的或是較辛苦的工作，往往可以成爲打動上司內心的主要因素。倘若你只是逢迎奉承，時間將很快地便可揭示一切，而造成反效果。因此，還是爲了全體，爲了協助上司或爲自身能力的提高，積極地去奮鬥才是上策。

「他相當勤勞啊！」

「讓他擔了那麼多的苦，我應該要好好補償他才是。」

「我以爲今晚非得熬夜才能趕完工作……。多虧他的幫忙，事情才能這麼快完成。」

確認

□不應將對上司的感情與公事混淆。

□試著藉由工作來解除對上司的不滿。

□對愈困難的工作鬥志愈高昂。

隨時進行報告與連絡

既然公事是由大家平均分擔去執行，因此適當的報告與連絡就顯得十分重要了。倘若報告與連絡做得不夠或不正確，則業務將無法順利的運行，效率及業績將會低下，同事間的人際關係將會惡化，而嚴重影響到彼此之間的信賴感。

一般而言，對公司或上司愈不利的消息或事件，愈要盡早做報告及連絡，這是極重要的原則。

因爲，爲了要防範過於失態或是嚴重的損失，則必須趁早採取正確的對應手段，假使

報告與連絡的要點

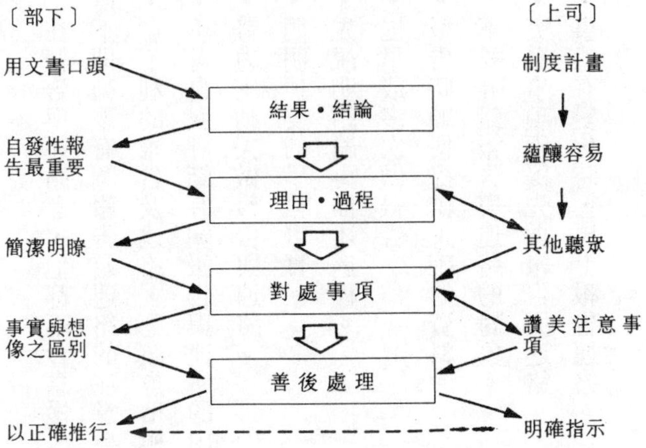

因你的疏忽而錯失機會，則不僅會受到上級的叱責，且在上司的心中更會烙上對你的不信任感，而導致兩者之間的關係惡化。

「這麼重要的事，竟延遲了兩天才報告，太過份了！」

「沒有上司的催促便不做報告實在太怠慢了。對工作的經過及成果做詳細的報告，是上班後應盡的義務，你是明知故犯呢？還是覺得做這樣的報告太無聊。」

雖然損害的發生與業績的不振是相當嚴重的問題，然而若是想法得當或是採取對應的措施合宜，則將可扭轉劣勢，再造契機。否則一旦上司對你產生不信任感，而導致彼此之間人際關係崩壞時，便不堪設想了。

如果在基本的連絡與報告上能順利做好，或許上司會另眼相看。

「所需的資訊都有隨時做報告，幫了很多忙，雖然其他方面不盡理想，但想想還是算了，不提了。」

「在報告與連絡上，他都不會怠慢，因此，公事頗放心的交予他去辦理。」

以下即列舉有關報告及連絡的注意事項：

- 愈不利的報告及連絡，應該愈積極的進行。
- 不可自我評斷有關報告與連絡的內容。
- 努力主動去做報告與連絡。
- 簡明扼要的呈報事實。
- 先説明結論再描述過程。
- 提早或多次做報告。
- 報告時順便提供正確的資料。
- 不要弄錯報告與連絡的對象。
- 突發事項應優先做報告與連絡。
- 事態有變化時，馬上報告連絡。

確認

□將對上司的報告及連絡視爲應盡的任務。

□經常努力去進行適當的報告和連絡。

□應主動進行報告和連絡。

不要因為個人的賭氣而放棄意見及提案

不能否認的，當屬下與上司之間的關係不融洽時，屬下的提案和意見容易被忽視或駁回的傾向較爲强烈。

如果上司對屬下的提案書嗤之以鼻，或連看也不看的便擺在一旁，任誰都會由衷的感到沮喪失望，甚至生氣。

「我不過是請教您對這提案有沒有意見，可是您連回答都不想回答，只是低頭不語；算了，以後絶不會再做同樣的事了。」

「那份報告是我花了一週的時間才完成的，可是課長卻只看了題目與目錄就把它丢還給我。難道以前他曾說『你們只要絞盡腦汁，一定能有好的企畫案，我期待你們踴躍的提案』這句話是騙人的嗎？」

「我們一定都列在課長的黑名單裡面，所以想讓他接受我們的提案，簡直是難上加難，我想，還是將麻煩事丟給別人去做吧！」

像這樣的賭氣或自暴自棄的心態是不對的，如此只會徒增事態的惡化，甚至貶低自身的價值而已，毫無助益。無論被忽視也好，瞧不起也罷。應基於自我的成長與學習，而更積極地提出意見及提案才對。

其實，上司也是一位上班族，對於自身的利害也相當地敏感，雖然表面上似乎不太聽取你的意見，但內心多少會斟酌考慮的，如果你提出的意見確實大有內涵，則上司一定會採用，且慢慢地改變對你的觀感，而加以重用的。

「（這提案確實與衆不同，不過突然地褒揚他似乎不太自然，看來以後對A君的建議應多加以重視。）」

「（我還以爲某人是我們課裡的包袱呢！可由其提出的構想看來相當有創意，如果能夠激發他這方面的潛能，相信一定可以成爲課裡的主要戰力。）」

「（由他積極且熱心的提出意見及提案的，以後不應該太冷落他才是。）」

確認

□想要積極地提出意見及提案。

□提出的意見及提案是否被採用，應由上司決定。

□將意見及提案視爲增進自我成長的最佳途徑。

努力得到比上司所期待的更大的成果

對上司而言，他的職責與任務就是使業績提高，達成目標。由此看來，上司與屬下的利害關係是一致的，所以應該很容易獲得彼此的信賴才是。

可是，如果身爲下屬者常常意氣用事，則業績不但不會提高，反而會使上司懷恨而產生對你的不信賴感，導致兩面不討好的後果。

「不論達到多高的業績，功勞還不都是經理一人攬盡，實在太不甘心了！所以，寧願少領一些獎金，也要讓經理達不到目標。反正，只要能達到讓其受辱或出洋相的目的，心情也會愉快得多！」

「雖說是爲了使課的成績提高，但是被那麼激烈地罵，任誰也受不了的。原只想達成一半的目標就好，但又有些於心不忍，所以，大家一同商量貫徹不合作的態度，只達到百分之七十五的業績就好了，直到課長被貶職爲止。」

「B公司大批訂購，那件交易早已經傳到董事長的耳裡，不過，決定取消做這次買賣時，坦白說有點令人失望，可是只要想到副理因此而受不到褒揚，内心便感到很快樂，此刻的心情可說是悲喜交雜啊！」

如果這些屬下的心聲都是事實，著實令人感到相當的悲哀。此並不是說上司本身都是沒有問題的，可是諸如此類的言行，爲人下屬者也應多多反省才是。

反抗上司的行爲用以上這種姑息的手段來表示實極不智。雖以降低實際獲得的利益的方式來做抗議的手段比較有人情味，但是對於利益的提升及彼此之間人際關係的信賴感，會有極大的影響。

「(這一期我們能達成目標，某君的努力是不容忽視的，所以暫且不要調他的職吧！應由我努力來與他改善人際關係才是。)」

(某君言行一致，辦事無懈可擊，如果他的個性再坦率一點，那真是再好不過了。可是，這樣的要求似乎有些過分，應該多聽他的意見才對。)」

「(太聽信他所吹噓的大話了，無法視破他的騙術，我也不能夠推卸責任，既已知他的實力，今後再也不會爲他所騙了。）」

如果應做的事都能確實完成，且獲得比期待更高的成果時，則彼此之間感情的摩擦與嫌惡之情自然能夠冰釋。因此，對於上司的發言與要求等由衷接納的可能性相對地也將增高。

確認

□全力以赴去完成應盡之職責。

□認眞地提高業績。

□抱持著完成之作是爲了自己好的觀念。

2 滿足上司的自尊心

仔細聆聽上司的意見

在組織裡，通常主管（負責者）都擁有決定權，屬下往往只被委任部分的權利，而最終下決定者還是在於主管（上司）。

假使公事是由於上司的判斷和決定而能順利進行，如此一來，定能滿足上司的自尊心（即努力去接受上司的意見是相當重要的）；同時，上司與屬下之間的關係亦會良好的維持，因而可收一石兩鳥之效。

「這件工作便全面的性的授權予你，你可以儘量地發揮，當然有問題時可以請教我的意見，不過凡事應該努力自我判斷才對——。」

「為了幫助你成長，儘早進入狀況，我才授權予你這項工作。或許負擔稍微重了些吧！所以這次我還會協助你，不過想要完全依賴上司工作的態度，應該要摒棄才對。」

通常，像這樣嘴上說得很嚴格的上司，可是往往心中還是會興起：總是要協助你的，你還是很需要我的幫助，或是你這個人很可愛等的念頭。

因此，即使你已經決定好方策，也故意請教上司：

「我擬訂了兩個方案，但不知採用哪一種才好，課長你個人覺得哪一個方案好呢？〈而故意安排課長一定要選擇你早已決定的那個方案。〉」

「我決定按主任的方法製作企劃，這樣做應該可以吧！一切請主任衡量。〈即使企劃的過程沒有包含主任的想法也無所謂。〉」

採取以上的方式去工作，一方面能討上司歡喜，另一方面也能引導上司同意你的看法。

確認

□無論做什麼事，都要請教上司的意見。

□一方面做報告，一方面聽取上司的意見行事。

□儘量表現出尊重上司意見的態度。

事前必須與上司諮商及取得認可

「我根本没聽你提起過這個問題，既然你忽略了上司的立場，所以一切都依你自己的力量去做吧！我不管你了。」

「爲什麼到了對方提到索賠時，才來找我商量，總是要等到問題鬧大之後，才想來找我求助，不覺太遲了嗎！」

「我不記得曾經允許過你去做這件事情，你這種先斬後奏的態度，我相當不欣賞，表示你太忽視上司了，爲此我絶不同意。」

有關這種上司漫罵屬下的情形，在任何公司都常會發生。有時候，由於不得已的情勢，無法事先向上司報告，或是因爲疏忽及認爲事後再想辦法等的心態，便常會出現諸如此類未向上司稟明便擅自處理的狀況。

本來，人都是有感情的動物，當事態鬧到讓上司這麼意氣用事之後，情況實已相當惡化。雖然事後上司會恢復情緒，冷靜地替你善後，可是彼此之間所發生過的精神上的轇轕，實無法輕易抹滅，因此，想要再與上司好好的相處則很難實現了。

不過，凡事只要稍微的顧慮一下——也就是事前能向上司報告，有問題時與上司諮諏，不忽略事前的準備工作，先獲得上司認可等的依循正軌去工作，且以較簡單的方式讓上司接受屬下所提出的意見，如此便能與上司維持良好的關係。或許有些人與上司的關係一開始就不是很融洽，雖然知道執行任務之前一定要稟明上司，但是往往會忽略這樣的手續，如此只會致使自己更容易陷入困境而無法自拔。

「（按程序應該先向經理報告的，可是一定會遭到諷刺；算了，改天再提吧！）」

「（問題相當嚴重，該怎麼辦才好呢？倘若馬上與課長諮議，肯定又如往常一樣遭到憤怒的斥責；唉！還是順其自然吧！）」

「（有關這問題似乎事前先向副理報告一下比較妥當，可是假如在報告時遭到反對，則計劃便付諸流水。但如果被公布後能博得上級單位的贊同，則必然會被無條件的採用，嗯！我來下賭注看看。）」

「（以出差的目的而言，是不需要徵求股長的許可的。但倘若其以現在正在進行工作爲理由，阻止我出差，那就慘了。不過股長雖然對我有偏見，可是應該不會這麼壞心眼吧——。）」

不論理由如何，一旦自尊心受到傷害，不管對象是否是上司，以人之常情難免都會生氣。所以，在事情發生之後，才希望上司能替你想辦法已經來不及了。通常，想讓上司協助你，首先要了解的，是如何由自身來誘導上司的態度才是最要緊的。你應該發揮誠意，親自力行，上司才會予以回應來協助你。

「也許這樣做會快一點，但是必須先告訴經理才行——。」

「副理，有關這個問題想先取得你的同意——。」

「倘若像這樣的索賠案件應該如何處理？」

「請您允許我出差吧！我保證絕不會影響到正在進行的工作。」

諸如此類讓上司不得不接受你意見的方法，往往能使你的要求如願以償。

確認

□絕不表現出忽視上司存在的言行。

□凡事儘量在事前獲得上司的同意。

□儘量滿足上司的自尊心。

有技巧地要求上司的支援與協助

在工作方面，上司的任務之一即是協助或支援屬下。因此，屬下常會認為上司積極地支援協助自己，是一件極為當然的事。可是事實上，這是很難如願以償的。因為表面上上

協助的結構

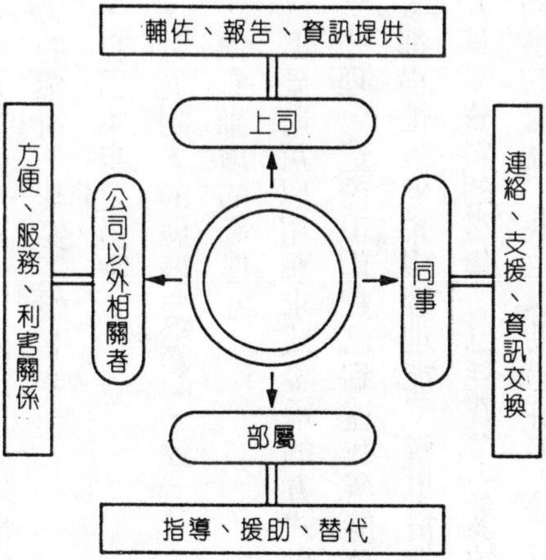

司雖主張這是他的責任與義務，但其實內心都會這樣想：

「需要上司協助的時候，應該以誠懇的語氣要求說『拜託請您幫忙』才對，以爲上司會主動地支援的想法實在過於單純，上司本身也得忙碌，怎麼清楚那麼多的屬下誰等著援助呢？」

「本來協助是應該要主動去進行的，可是需要他人協助時，應該自己親自去拜託對方才對，倘若連這也要上司自己去發現，或以命令的方式要求同事去協助，這種想法表示依賴心太强了。」通常，上司往往會有這樣的心態。也就是說：

「（既然需要支援與協助，起初你們就應該主動提出要求。）」

「（需要支援與協助時，應該要以誠懇

的態度拜託。）」

「（如果需要支援與協助，應該要有禮貌或循序地請求上司才行）」等，諸如此類想法的上司很多，關於此點千萬要牢記。因此，當你想拜託上司支援或協助時，最重要的乃是滿足上司的自尊心，以使上司有不惜犧牲自己來幫助屬下的念頭。能讓上司產生助你一臂之力的感情，其要領如下：

- 自己本身要活躍。
- 拜託對方的態度要誠懇一致。
- 懷有謙虛的心態。
- 必要時可以用懇求或奉承的方式來拜託上司。

「經理，這份工作實已到達我所能負荷的極限，能否拜託您再委派一人來幫我，我知道大家都很忙，但希望經理能了解事情的輕重——。」

「爲了資料的徵集，已耗費了太多的時間，我向來不擅於時間的調度，所以，希望能得到同事的幫助，我也求助過許多人，但大夥都無法幫我，可是這件工作一定得在期限內完成，因此請您協助！」

「請您幫助我吧！我知道如果按照課長所交待的去工作，絕對不會失敗的，但是由於我的疏忽，以致如此，我相當後悔。我知道這樣說很厚顏，但請您再一次幫助我吧！」

有時，故意製造一些小失誤或失敗，而求助上司的幫助，也是一種與上司保持良好關係的技巧。

確認
□要積極且主動的去請求支援與協助。
□要取得上司的支援與協助時，都有按一定的程序去執行。
□知道以什麼方式才能滿足上司的自尊心。

營造好的工作環境後，再請上司出馬

上司的地位比屬下高，且也擁有相當大的權利。通常，權利與地位會使上班族產生自尊心與執著心，因此，如果能夠好好利用這一點，將是影響上司的最佳秘訣之一。所謂的影響並非指物理性的使上司的身體活動而已，而是指巧妙地影響上司的心靈及身體的行動，使其同意屬下的想法及做法，如此才是最終的目的。

這種技巧的運用不僅可以提高上司的地位，亦能滿足他的自尊心，同時使上司與屬下之間的關係圓滑融洽，而達到一石兩鳥的功效。

通常，請求上司出馬的場合有如下幾種：

- 交易對象（售貨、進貨對象，金融機構，其他公司團體）。
- 商談的場合。
- 非正式組織的集會。
- 私人性質的場合。

等等的這些場合，其央請上司在場的目的乃在於一些營業活動（一般性質或需要有較高階層者在場，以做最後決定的營業活動）、指示、命令、激勵、警告、叱責、褒獎、致詞等，都以有地位、有權力的上司，或有能力且實績優秀者在場執行之型態爲最妥善。雖然實際情況並非全是如此，但倘若沒有這樣做，則無法滿足上司的自尊心。

「什麼事都必須一個人從頭到尾全力以赴，否則你就無法成爲一個優秀的業務員。」

「這種問題根本不需要我幫忙，只要你確實按照指示去做就行了。」

「你要我去致詞！說不定會得到反效果喔！」

倘若上司這樣拒絕，你就放棄繼續影響上司的念頭，則將無法提高效果。

「只靠我一個人微薄的力量，是無法再有所突破的，所以必須請經理同我去客户那裡，對所談的條件做最後的決定。對方一向很尊重經理，也正因爲有著您做我的後盾，我才如此努力去交涉，因此，請您這次務必要出馬——。（其實這次的商談早已十拿九穩，只是如此一來可以順便奉承一下經理，滿足他的自尊心！）」

「副理，關於這份工作如果有您的指示，相信必能提高大家的士氣，排除困惑（其實這次的命令太過於艱難，所以需要副理親自出面指示，以壓抑大家不滿的情緒，且這麼做也能夠增加副理的威嚴，滿足他的自尊心）。」

「怎麼會呢？能請理事到場致詞一定能提高本會的品質，使會員人數激增，我並非因此打著如意算盤的，只是非常希望您能夠出席會場（這麼一來，會的捐款一定會增加——）。」

確認

□使上司的自尊心得到滿足是相當重要的。

□在重要的關頭能夠利用上司的權威。

□雖不需要上司出面，也要安排其到場的機會。

3 不要使上司的顏面盡失

避免以正論對抗上司

通常我們到公司都是爲了要工作，希望彼此能夠互相地協助，而非爲了議論與爭辯的，關於這點請務必留意。一般我們表達意見或想法，百分之九十五都是依口頭（發言）來表示。可是，人的思考模式、記憶程度、判斷的正確度等各不相同，因此，常會發生脫離主題而爭論不休的情況。

如果是依臂力或武力等行動式的鬥爭方法，到了對手受傷、失神或死亡時，勝負自明，可是議論與爭辯往往沒有辦法決定勝負。通常，人數多時還可依票決的方式來決定，但假若是一對一的局面，則問題可就嚴重囉！因爲任誰都會認爲自己的想法才是最正確的，而堅持自己的主張；更何況如果是碰上諸如抬死槓這種永無止境的爭議，往往只落得不歡而散的下場。且在爭論快結束的階段，感情往往已達到最激昂的程度，因此，最終不過只留下對對方的憎恨之情罷了。

然而，不僅是永無止境的爭論，即使是能夠得到結果的爭論，也會招致嚴重的弊端。

「與只會提出歪論的人爭論，自然無法說服對方，但此刻的我仍覺得很順暢，因爲我才是真正的贏家！」

在經過幾個小時恢復冷靜以後，爭論獲勝時的亢奮心理很快便會消失，伴隨而來的，不過是一股莫名的虛無感。然而輸者則會認爲自己絕對不是拙於言辭的而心有不甘，也或許會因爲當時的表現太没出息而產生强烈的自卑感，說不定因此而憎恨對方，希望有朝一日能夠洗刷前恥。

如果使上司處於這種輸者的立場，則問題就頗嚴重了。譬如在會議席上議論被屬下駁回而導致在大衆面前蒙羞，或在爭論時徹底被打敗的情況之下，即使屬下那方是正論，上司往往也不會考慮自己的主張是否有所偏差，而一味地認爲──

「包括董事長，公司上下所有的主管都參加這次的會議，而你竟然直截了當的便在大衆面前反駁我的意見，實在太過份了！認爲我的主張不正確，大可在會議結束後再與我討論，這種最基本的禮貌難道不清楚嗎？今日的事件簡直是莫大的恥辱！嗯！我一定要讓他知道雖然口舌之辯他是贏家，但是在升遷方面肯定會落於人後的。」

「我也是凡人，自然也有錯誤與誤解的時候。這時，爲人下屬者禮貌上應悄悄告訴我就好了，更何況其更應該顧慮到不讓第三者知道的情況下，私下說明。可是他卻刻不容緩地便直接指出錯誤，這的確太可惡了。」

「我反覆向他說明，應該要配合現實的考量才行，可是他不但不接受，還固執地主張一般性的爭論，且又反駁說他沒有錯，因此實在令人感到相當困擾。」

像這樣使上司顏面盡失的言行，往往是導致上司與屬下間感情僵化的最大要因。一旦感情惡化之後，假使屬下工作上出了什麼意外時，想要求助於上司的可能性恐怕極小，更遑論是期望上司出面爲你做任何事了。

所以，在知道上司有錯誤時，可以在事發後找個適當的時機，或在不讓第三者知道的情況下加以提出。倘若彼此有爭論時，爲人下屬者也應該知道適可而止，或巧妙地避開風頭，以洞察上司的真意爲何——即懷有顧慮及謙讓的想法才是屬下應有的態度。

確認

□儘量避免和上司爭議辯論。

□即使知道自己的主張是正論，也是點到爲止就好。

□要糾正上司的錯誤時，須懷有謙虛的態度。

先推測上司的想法

如果你是公司組織裡的一份子，則屬下扮演上司的輔佐角色是不容置疑的事實，假使你因爲私人對上司懷有不良的感情而忽略了事實，則只會導致彼此間的關係愈來愈惡劣。所謂的輔佐角色則是意謂肩負著加以支援，改善缺點，輔佐公事（協助、分擔），幫助困難等的任務。

所以，忽略了輔佐之任務即意謂著怠忽職守，倘若是意圖性的敷衍應付，偷工減料，則無異是放棄職務，喪失成爲優秀上班族的資格。

假如你有嫌惡上司的心結，則工作時刻意避開相視與談話的心情自是難以避免，此乃人之常情。不過公司不是學校，上司與屬下的關係也不似友人之間的感情那麼單純，所以以工作爲中心而論，屬下想逃避上司是絕不可能的；亦即假如上司往側邊看，屬下也要能察覺其動作而了解上司的真意，且以積極的態度去面對才是最重要的。

輔佐本身還含有秘書性質的工作。身爲秘書者，如果沒有辦法擔任上司（假定是董事長秘書其輔佐對象便是董事長）的代理職務，或考慮到對方的心態而預先做準備工作時，則易使上司失面子。同理，上司與屬下之間亦然。

「只能做些被指示後的工作，簡直與新進人員無異，凡事應該要多顧慮前後才是！」

「C君凡事總是顧慮周全，十分優秀！每次有什麼順便要做的事或擴展性的工作，他都能確實做好，實在幫了我很大的忙。」

「D君最近的表現真是令我刮目相看啊！沒有交待他去做的事都會如期完成，且也會自動地加班——。我覺得自己應該好好反省對他先入爲主的想法了。」

像這樣積極的作風，會改善上司與屬下之間的人際關係，乃是不容置疑的。

確認

□努力擔任上司的輔佐者。

□事先能夠洞察上司的想法。

□雖討厭上司，仍努力工作不使其蒙羞。

命令系統不能混亂

在組織裡，如果命令系統沒有加以統合，則將會嚴重影響到執行的效率。

即使指示與命令是由二個，甚至三個以上的地方所發出，則組織成員將無法順從而引起混亂的局面。

在一般的公司亦然，報告、連絡、接受、委託等的事項，假使不是經由自己的直屬上司所下達，則執行起來必會問題叢生。且不經直屬上司的命令便擅自從事，也會蒙上忽視上司存在的罪名。

正如忽視股長的存在直接向課長報告及聯繫，或是沒有經過課長的同意就接受經理的命令或申請事項等，諸如這樣的言行，雖說是在萬不得已的情況下發生，但實已混亂了整體的命令系統，且他日獲知實情的上司也會大爲光火。

再者，由於當事者是上司的上級主管，所以不能公開地表達心中的怒氣，因而會造成相當嚴重的情結而耿耿於懷，像這種一旦喪失面子，又須忍耐的心情，必然會導致相當大的波折與影響。

「剛剛課長與我諮商有關E公司的問題，結果使我出盡了洋相，你爲何在報告課長以前沒事先報告我呢？害我被課長嘲笑說『難道你還沒接到報告嗎？這工作不是早就授權給你做了，可能你沒有解決的能力吧！』」

「你爲何直接與課長連絡呢？難道你忘了我們之間曾約定好這是我們倆人的秘密嗎？然而你卻蓄意將這件事傳入課長的耳中，現在我被課長斥罵，你卻在背地裡鬼鬼祟祟悶不吭聲，這算什麼嘛！」

命令系統應有的型態

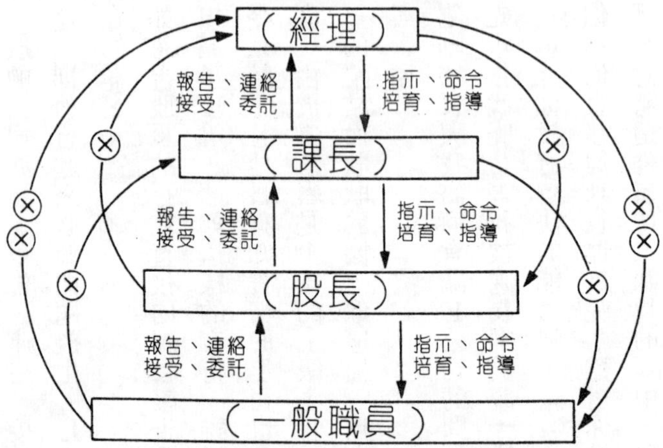

「沒錯，經理是我的上司，自然也就是你上司的上司；可是你完全沒有和我商量就擅自接受這份工作，這未免也太過份了吧！經理也太不應該了，竟然沒有交待你要先徵求課長的同意。」

「你直接向經理要求，簡直是認爲我無能，沒把我看在眼裡嘛！可是到頭來後果卻要我來承擔……。你也太瞧不起我了吧！」

通常，在事情發生後，才辯駁是因爲上司當時不在場，外出，自己太疏忽，或是聲稱是上司專長以外的事等爲理由，實毫無助益。無論是負責任的方法，報告及聯絡等，都應和下達命令相反的方向進行（見圖），絕不能有越級或轉移的行爲。除非有很緊急的事態，否則應該要直接與上司接觸商議，儘量避免以第三者來傳話，事前須先做報告，且有較不利的事，應儘快做好事後的報告，也就是說，凡事能站在倘若你自己身爲上司時所應該對應的態度去處理。

確認

□在工作方面，認爲除了直屬上司，其餘的人都與自己無關。
□除了緊急事情以外，都會向直屬上司報告。
□即使有充分的理由沒有立刻向直屬上司報告，事後也應該馬上報告。

儘量站在上司的立場去考量

所謂不讓上司失面子，並不是意味著凡事閉口不說，不反抗，對其所交待的事都一一的辦妥而已，而仍必須有自我的主張，陳述己見；唯須顧慮到的是合乎TPO（Time 時間，Position 地點，及Occasion 場合），以避免失了上司的面子，而且也不會傷害到上司的感情。

任誰都很清楚自己因他人而蒙羞，或者是在什麼樣的場合下會丟臉的情景。所以，若能站在上司的立場多替其著想，則言行舉止之間便不會犯大錯。

例如要拒絕上司的委託或要求，倘若使用的方法不恰當，就會令上司丟臉或惹其憤怒；可是假使你能婉約其辭的加以拒絕，則上司通常會由衷地理解而接受。

「工作量還剩許多，能否再加班三小時左右？」

「這禮拜六你有沒有空呀？我們可以一起去釣魚，F社的負責人也要一起去；如此一來，彼此可以聯絡感情——。」

對於上司這樣的要求，假使屬下欣然答應一切便不成問題，若有爲難則須很婉轉地拒絕。

「不行耶！我已經有約會，所以您去請別人加班吧！」

「我最不喜歡釣魚了，而且也不想去碰魚餌，況且還會暈船呢——。如果是去打高爾夫球，那我一定樂意奉陪。」

「我身體不適，請您原諒！」

有關這樣的拒絕方式太過於冷淡，且絲毫沒有半點誠意，只會使對方生氣而蒙羞。

「你不能用更婉轉的口氣拒絕嗎？」

「我是特別想介紹給你認識才邀你同行的——。」

如此一來，上司與屬下之間的關係必會產生嫌隙。

「課長，真是太對不起了！我之所以没辦法加班是因爲我必須爲我的恩人守靈，以後我一定會找機會彌補，所以這次請您多包涵！」

「真是相當抱歉！您特地爲我做這樣的安排。可是這禮拜六我們的親戚要辦法事，我必須代替家父去參加，絶對不能缺席——。實在很冒昧，請您原諒！」

確認

□經常站在上司的立場顧慮一切。

□清楚自己喪失面子的情景。

□爲了不傷害到上司的感情，應多注意自己的言行。

第五章 如何與討厭的上司相處

1 需要更了解上司

別忘記對方就是你的上司

雖然上司的爲人讓你無法去尊敬，可是即使你多麼地嫌惡，處於他底下工作之事實是不容改變的，如果你忘記這點重要的關鍵，就會像睡過頭那樣，許多麻煩事將會接踵而至。在叱責、抱怨、誤解、不滿的情況下，難免會導致吵架、漫駡、嫌惡和怨恨，而加强上司與屬下之間的關係惡化。

「我再也無法和他一起工作了，我要調職。」

「讓我調到那位更有人情味的上司那兒去吧！」

通常，屬下這樣的抱怨是沒有用的。雖然目前能力愈來愈被重視，且年功序列制度有崩壞的傾向，但是一般人認爲年齡和服務年資才是升遷的重要因素之想法仍是根深蒂固。

所以，你想要超越現在的上司而被提拔到更高的地位或被調職等的機率，幾乎是微乎其微的。而且上司的權限與實力都比你大，同時也擁有觀察屬下，進行人事考核的權利，以此觀點來衡量，即使你的上司多麼令人厭惡，你也必須考慮到這一點，而努力改進彼此的關係才對。

即使你相當的不願意，然基於上司與屬下的關係，仍須適時的尊敬上司，態度要謙虛，且儘量控制情緒才是最正確的作法。

「只不過是偶然被安排爲上司與屬下的關係罷了，其實大家的地位應該都是同等的。」

「我們年齡上的差距不大，有什麼話儘量說沒關係的。」

「絕對不要有所顧忌，不管是諫言或是忠告，我都很樂意接受的。」

假使上司說這樣的話，你便以爲能與其成爲莫逆之交，有這種想法實在大錯特錯。

檢討

□上司與屬下的關係應分清楚。

□既是身爲公司的職員，自然上司的權力比較大。

□如果無法尊敬上司，屬下也難有作爲。

認識上司的長處及短處

雖然世界博大，任誰都有長短處，絕無只有長處而沒有短處，或是一無是處的人。只要有優點，相對地便有缺點的存在。

但是，很遺憾的是我們往往只注意到他人的缺點及弱點，尤其對方的感覺愈惡劣時，這種傾向就更强烈。

所以，如果屬下本身就已經討厭上司，自然只會注意到上司不好的一面，而沒有辦法去發現其優點。

如此一來，徒增對上司的反感而導致彼此的關係惡化。若想挽回這種情勢，則須由屬下本身先去發覺上司的長處才是上策。

其實你（屬下）已經是一位成熟且理性的大人，所以應該拋棄一切的偏見，長時期且冷靜地重新觀察上司的言行舉止（性格、能力、意願等），而將所觀察發現的優點、擅長、短處、缺點、弱點等，詳細作成一覽表。不過先決條件必須要以客觀性，普遍性的心態來執行，否則就喪失其真意與價值了。

如果你認爲對上司的感情不應嫌惡而應該要喜歡才對（身爲屬下時，卻在心裡這麼想），則更須要早日完成一覽表才是。

瞭解上司的一覽表

區分＼項	項目	性質	性格	能力	意願
優點	有計劃性			○	
	有關懷心	○			
	⋮				
短處、缺點	菁英意識強烈		○		
	無責任感				○
	⋮				
	不太穩重	○			
	沒有協調性		○		
	⋮				
弱點	很怕上司		○		
	⋮				
	⋮				

•優點與擅長

應該坦誠地肯定、奉爲仿效學習。有機會時可以適切地加以讚美，通常像這類的話往往會很快的傳入上司的耳中。

「G君剛剛讚美說課長頭腦清晰呢！」

「他真的這樣說過嗎？實在令人難以相信，他一直對我沒啥好感……。搞不好是在諷刺我呢！」

雖然課長嘴上這麼說，但是內心一定感到無比的歡喜。

•短處、缺點和弱點

絕不憑空吹噓，也不直接揭露其短處，凡事儘量默默地承受，在日常的業務上加以彌補與輔佐；如此一來，便能將你的誠意傳達給對方，獲得上司的感謝。

若能清楚瞭解上司的性格，就能與其建

立良好的人際關係。例如：上司的性格若比較好强，則爲人下屬者便須謙虛相迎；如果上司的態度優柔寡斷，則屬下背地裡要適時地予以支援；又上司性子急躁，則屬下在行動上便要十分地敏捷；上司若屬悠哉型，則屬下可得隨時提醒；假使上司的性格內向，那你就必須以開朗的心情去面對等，諸如此類般以相反的方向去接觸，彼此就能相處融洽。

檢討

□掌握上司的眞實個性。
□認眞學習上司的長處。
□加以輔佐上司的短處。

瞭解上司的價值觀和期望

「經理到底有什麼想法，著實令人費解！」

「他在說些什麼？我根本就聽不懂，到底是什麼用意嘛？」

「股長曾清楚地說過如果太疲倦則假日可以不再加班，但是卻又指責沒有加班者太過於怠惰了。」

由於上司與屬下之間的年齡有相當大的差距，再加上家庭環境背景的不同，如果沒有正確地掌握上司的想法和需求，則彼此的向心力會愈來愈減弱。而且假使雙方外在的主張與內心的真意無法清楚地表達時，將只會加深屬下壓抑的情感。

換句話說，假如沒有與上司保持良好的關係，則將會愈難掌握其想法和價值觀。一旦碰上這樣的狀況，你可以藉由接近那些與上司較投緣者或是受其信賴的屬下，以間接性的方式去試探，或許能由片斷的談話中，瞭解上司真正的個性。

「喔！原來如此。副理真的是這樣子想的嗎？（這真令我意想不到呀！）」

「沒想到副理居然可以考慮到這麼遠大的計劃（原來那一次的指示是該計劃中的一環，而我竟未發覺……）」

由此可知，爲了要了解上司的真意，便必須分析上司的性格和想法，且臆測上司的思考模式，順其意而執行任務。同時，亦可依靠長時期累積下來的經驗，去區分上司的真意與主張。

總之，不應該因爲本身討厭上司，就避而遠之，不想同其交往；而應該尋找機會表示屬下對上司的關心，積極地增加彼此的交流次數，此並非是指與上司緊緊跟隨，而是必須擁有想去接近的心情才是最正確的態度。

檢討
□努力去理解上司的價值觀。
□即使不喜歡上司，也必須懷有與其交往的心態。
□努力去了解上司的本意。

瞭解上司個人的生活狀況

往往，屬下與上司之間的關係都只介於公司內部的公事而已。然而，上司個人的生活狀況對其行爲也有著極重要的影響。因此，若能理解和認識該方面，則更能夠了解上司的爲人。但是由於此涉及到個人的隱私問題，所以必須控制不可過度地探索，而侵犯他人的隱私，更不能將所得知的秘密事項洩漏。

•健康狀態

關於此方面即使沒有直接去問，大體上亦可依靠其臉色、食慾、眼神等來預測。同時，亦可由其出勤狀況是否正常，或偶有吃藥等的習慣，來推測其健康狀態的良好程度。

通常，疾病與不健康往往容易成爲升遷的絆腳石，因此，本人總會特別，甚至於敏感地留意。以屬下而言，雖知道上司有此顧忌，也應該佯裝並不知情，唯必須發揮關懷之心才是最重要。那麼很自然地你便能體會過去你所無法了解的上司的焦躁態度了。

・嗜好

倘若你能察覺出其他職員所不知的上司的嗜好，自然可利用爲促進彼此關係的最佳利器。透過上司或客户負責人所關心的事物或嗜好，可以確立良好的人際關係而從中獲得許多利益的例子，時可見聞。

如果湊巧你的嗜好與上司相同時，那真是再好不過了。否則即使是牽强地迎合上司的嗜好，宛如拍馬屁一般，對你（屬下）也絕不會吃虧的。

・家庭與家族

任誰都是最關心家庭與家族的。一旦受到他人的褒揚，則愉悦之情必然會表露無遺，即使只是不經意的關懷，也會令人覺得十分溫馨的。所以不管是多嚴厲或是多令人討厭的上司，關於這點的心情都是一樣的。

尤其是關於其孩子的入學、就職、結婚等事情，雖然只是以口頭上的慶賀，亦能夠傳達你內心的誠意。或是有關去探病或悼念等的關懷，也會使上司由衷的感動。

倘若以爲這只是小事一樁而加以忽視，反而會與上司之間的關係更加惡化。在目前的社會裡，互相的溝通和關懷之心，似乎愈來愈爲人們所重視了，但是認爲能獲得禮物是比獲得關懷之心要來得重要者，實大有人在……。

·誇口

通常一般人都不喜歡聽他人誇口說大話，尤其對上司的吹牛更是厭惡。可是倘若每次上司一吹牛你就避開，則他對你的印象必定會愈來愈差，所以偶而仍要恭唯地聽它一次。

檢討

- □主動地關心上司的個人生活。
- □儘量使上司個人的隱私生活片面的意願獲得滿足。
- □必須顧慮到是否會侵犯他人的隱私。

要清楚地區分所謂的「喜歡的上司」和「好的上司」

所謂的「好惡」和「好壞」是不能混淆不清的。因爲上班族的升遷（廣義而言應稱之幸福吧！）並不是依據本人的能力和意願便能達成，而是必須依著上司的好壞來決定的可能性較大。

此即意味著升遷往往因爲能否遇上好的上司，或是討厭好的上司等的運氣的影響所左右。

既然如此，若在好的上司之下工作自然最佳，然即使在自己所討厭的上司底下工作，也應該努力盡心，如此對升遷才有極大的助益。

爲了要辨別是否好的上司，只依靠其外表，所屬的派系等，是很容易判斷錯誤的。所以應該要能更深入地觀察上司的言行，仔細去分析思考才是。

以下，我們將列舉所謂的好上司與壞上司的形象。

「好的上司」

・想法遠大的上司

經常顧慮公司全體的立場，依大局面的觀點來推行任務，因此不會有太大的錯誤。不論在任何場合，都能順利地進行工作，沒有誤失，可說是非常值得信賴的人物。

・信念稍微頑固的上司

雖然頑固，可是具有堅定的價值觀，且經常自信滿滿地推行工作，可說是一位擁有使命感，公正及責任感的人物。

•人際關係良好的上司

在公司内外信用高，交際廣，且在知性與涵養方面向來不落人後，往後定有所成就，且能擔負大事。

•有理想抱負的上司

•運氣佳的上司

「壞的上司」

•自私自利的上司

由於自我主義觀念過强，容易冷落屬下，認爲如果没有與屬下保持適當的距離，對自己一定會有所波及，以致事發時往往犧牲屬下。

•没有朝氣的上司

辦事没有朝氣與魄力、且相當懶散。無計劃、無節操、無責任的態度令人厭惡，是屬於焦躁型的人物。

•自尊心過高的上司。

•任性、虛榮、自大、甚至於不受他人敬重的上司。

•口是心非的上司。

• 運氣差的上司。

檢討

□儘量避免以好惡的感情來對待上司。

□認爲上司應該依好壞來區分。

□努力學習能夠了解上司的本質。

2 當屬下應留意的事項

在背後不說上司的壞話或批評

「上班的樂趣彷彿是爲了能罵或批評課長，假使被禁止罵上司，則必須再尋找另一項樂趣才行。」

「禁止我罵上司，那怎麼行哪！這可是最好的下酒菜啊！一旦被禁止批評上司，不就得多點上一、二道菜，那還得再費菜錢呢！」

「我們雖然批評上司，可都是開誠佈公地討論，而且也沒有四處地宣揚或特別針對某個人，所以別那麼神經質好不好。況且我們都是討論一些有建設性的意見，應將其視爲非正式的商業會談，每日召開才是。」

以上皆是屬下們的心聲。如果只是爲解除壓抑、成爲明日精神上的活力、或是提升勞動力等的基準來看，這是可以令人理解且爲一般大衆所默認的。可是如果是爲了要陷害上司，或因洩恨而吹噓、批評上司的話，那問題就相當嚴重了。

所謂壞事傳千里，一旦說人閒話，有朝一日必定會傳到該人耳中。而且在散播的同時，可能會被加油添醋或穿鑿附會，在以訛傳訛的情況之下，自然會影響原本良好的人際關係。所以即使只是在酒鋪內的一個小角落裡，也應該儘量不要說這種悄悄話才是。

「你好像常四處批評我啊！可是在當事人不在場時做這種事似乎有些卑鄙，如果你有什麼不滿，可以當面告訴我，我會接受的。」

「你想以屬下的身份來批評上司，實在是太過份了，等十年再看看吧！如果你對我有什麼不滿，大可調到其他部門，我是絕對不會阻攔你的。」

通常，一旦發生這種轇轕，上司與屬下想再維持良好的關係實在很困難了。

前有提及，任誰都有缺點和短處，也有所謂的恥辱和創傷。所以既有心想要批評上司，批評的題材自是不勝枚舉。可是做人應該厚道，所謂沈默是金啊！更何況攻擊對方過去的錯失或是肉體上、精神上的缺陷，實已經超出說壞話的範圍了，而有涉及輕度犯罪的傾向。

如果你想成爲優秀的上班族（公司的一份子）、那麼堅持不聽也不說他人或上司的壞話才是最應盡的本份。

「他總是守口如瓶，且能清楚地區分什麼該說，什麼不可以說，所以能獲得上司的信賴。」

「從來没聽過H君開口批評他人，所以才會有那麼多的朋友。」

總之，守口如瓶，不說他人壞話或作批評，自然會予人產生極大的信任。如此一來，必能維持良好的人際關係。

檢討

□絕對不說上司的壞話。
□有什麼不滿直接向上司坦白。
□如果無意間聽見上司的壞話也不會傳開。

和上司之間要保持適當的距離

通常人往往會有這樣的弱點，即如果受到上司的賞識，在親近之餘，則容易做出越禮逾分的事情。此一現象與相撲比賽時決定勝負的一著「勇足」（把對方推到場地邊緣，眼看勝利在望，卻因用力過猛而使自己先衝出場地——即指得意忘形而失敗）有些類似。即使屬下並非太厚臉皮或因粗線條而忘記舉止太過親密，縱使如此，有些上司仍會立刻產生反感而欲其加以注意。

「稍微放鬆、和顏悦色些就得意忘形，實在難以對應。」

「到底你將上司看成怎樣的人，別太瞧不起人啊！」

「雖然你是我的屬下，但這行爲絕對不可原諒。」

雖然眼睛看不見，但上司與屬下之間往往存在著一道深溝，關於這點，是絕對不能忘懷的。如果對方是你討厭的上司，則這道橫溝將會更深。

然而，會有超越這道橫溝的心理，往往都是「依賴心」所造成。

「不相信我們（溫厚）的經理怎會如此……。」

「不過只做到這個程度，應該會被寬恕不會被責罵才是。」

「只要做適當的道歉應該就沒事的。上回不也沒被責罵而順利通過嘛！」

由前面所舉的例子來看，依賴心會逐漸加深。不過本人應該有所自覺，保持適當界線；一旦到了惹上司生氣而大發雷霆時，才發現自己的錯誤，則爲時已晚。不僅自己的信用下墜，甚者還會受到上司的憎恨。

爲避免這樣的事態發生，平日應常觀察上司的性格和好惡，且充分掌握依賴心所能容許的限度（應劃分的界限），如此一來，當你發現事情不對勁時，便可以馬上收斂而不致做出越軌的行爲。

檢討

□和上司的接觸應保持良好的界線。

□不論關係多麼親密，也不能忘記對方是你的上司。

□如果因粗心而越矩，則坦誠道歉。

不論在任何場合都應注重禮節

「禮節（Manner）」意味著禮儀、作風、態度、風度、方法等的含意，更具體地說則是合乎「時代或環境的習慣與作法」。禮節的種類極多，有世界共通的禮節、社會大衆的體節、公司內部的禮節、婚禮宴會場合的禮節等，不勝枚舉。

在人際關係中，禮節向來被要求得很嚴格。有句俗話說「在親密之中也不能忽視禮貌」。所以，爲了保持良好的人際關係，適當的禮節有潤滑的作用。在此，我們即針對上司與屬下之間的禮節來討論。

●**問候**——對於早晚的問候，即使上司多麼令人討厭，也應由屬下先開口才對，如果喬

上班族所應該遵守的十二項禮節

裝没看見而冷漠待之是相當不應該的行爲。

•**說話的態度**——不管與上司的態度多親密，身爲屬下，最低限度也應該使用敬語對上司說話。即使與上司是朋友的關係，或其年紀比你小，在正式的場合或公事相關者面前，也必須使用客氣的語氣與其對談。

•**行禮**——並不需要刻意地表殷勤，但是要配合時間與場合，分別使用注目禮或行禮。

•**敲門**——當上司有個人的辦公室時，雖可自由進出，但欲進入前應該先敲門告知。

•**服裝**——當有重要的公事或問題要面談時，還是穿著整齊一點較有禮貌。

•**回答**——不管是說明或回答，都必須明瞭清楚，以免造成上司的誤解。

•**報告**——儘量於事前就做妥報告，即使在不得已的場合，事後也必須儘快連絡。

・**事前連絡**——有關工作上的需要，或是要請假、休假、遲到、早退等，必須在事前做口頭或電話的報告，才不致於被認爲是無禮。

・**道歉**——如果忘記道歉往往會傷害上司的感情。

・**違反規則**——如果對已經決定的事項、命令和規則等不遵守，則會被認爲是犯規（違反禮節）而遭叱責，甚者會被懲罰。

・**說謊**——原則上說謊的行爲並不正當，自然違反禮則。

・**陽奉陰違**——假使工作態度如此，自然無法給上司良好的印象，且會被其瞧不起。

對上司有禮節——表示對上司的存在價值相當肯定，同時也是一種對上司的尊敬和顧慮。

檢討

□了解對上司有禮貌的重要性。

□應儘量遵守對上司的禮節。

□違反禮節時則應該自我反省。

不要成為上司憎惡的屬下

在目前的社會裡，不僅是女性，即使是男性也應該讓人覺得有親和力。最近，認爲「男性需要有魅力」這句話是正確者有愈來愈多的趨勢。而所謂的親和力，即是指常面帶微笑、有魅力且又容易親近的意思。雖然在商業界並沒有要求男性須做到這樣的程度，但其坦誠之心和不會被憎惡的言行，是絕對必須具備的。

萬一不幸成爲上司眼中憎惡的屬下，那將是非常不利的局面。就現實問題而言，極有可能被迫做比他人更嚴苛的工作，或是陷入困境時卻沒有人能夠伸出援手，人事考核的成績也會有所影響。因此，應儘量成爲令上司滿意且與其建立良好關係的屬下，如此才不會吃虧。然而要如何去做才能達到這個目的呢？

・要有坦誠的心——不應該太過於堅持自己的主張或對上司不滿，但絕非盲目地順從，而是以正確的觀念冷靜地掌握事實。凡事少辯駁或爭論，且避免以乖違的心態去對應上司。

・徹底扮演自己的角色——即認真工作、不時常埋怨、倘若沒有正當的理由，不應該反抗命令或指示，且積極地協助同事等。

・反應要靈敏——應該經常活動頭腦與身體、詳細觀察事物，並且側耳聆聽所應注意的事項、能清楚地表達己意等。倘若只說話不辦事肯定會令上司不悅的。

•**樂意地接受雜事**——假使對他人的工作不關心、甚至厭惡或逃避，只顧慮到儘量能獲得輕鬆的工作，毫無團隊精神者，則會遭上司叱責。

•**配合上司的行動**——此並非指奉承，而是配合上司的方針協助其工作，這點通常是爲人上司所期望的。

檢討

□自己有所警戒，不要成爲上司所討厭的屬下。
□努力保持坦誠的態度。
□盡力做好屬下應盡的責任與義務。

被挨罵時應有的態度

「你別老是板著一副臉孔好嗎？要知道能被上司叱責實是一種幸福啊！一旦到了不想理你的地步時，就表示你該辭職了！」

「我並非喜歡罵你啊！任誰也不想那麼嘮叨的。只是因爲你總是自我辯解而不反省，所以才一直惡性循環而沒有長進。」

如上所述的一些上司的內心話，多少都有幾分道理。犯錯或失敗是人之常情，所以被叱責自是在所難免。在公司裡，受上司叱責便懷恨在心實是不智之舉；況且曾有話云：受人指點才會成長。因此，當你不再受他人責罵時，已停止長進了。

所以，一旦有錯失時，應該能接受他人的責言，且引以爲鑑才會有所進步，倘若只當成馬耳東風或是毫不在意，則難免再犯相同的錯失。以屬下的立場而言，假使能做到被罵也不會耿耿於懷，則與上司之間的關係必有良好的改善。

如何能在被挨罵後而不會懷恨？以下有幾點必須要注意的心態：

①做事不怕失敗、全力以赴。

②做錯時，能主動地告知。

③如果被責罵後，記得要道歉。

④被挨罵時儘量不要反駁和辯解。

⑤要持感謝的心態去接受。

有時，爲了調適情緒上的不滿，被責罵後會馬上採取不在乎的態度，但這是不正確的作法；至少也需以二～三小時或者是二、三天的時間來表示悔改之意才行。

最後，介紹松下幸之助先生所提出的一段有關於叱責方面的問題。

「通常，屬下可分成兩種：一種是需要受叱責，另一種是不需要受叱責的人。而不應該受責罵卻被責罵的情況則少之又少。如果，上司或經營者的身旁有許多不需要受叱責的屬下，這實在令人慶幸。既是上司，免不了需要責罵屬下。而有些屬下會逃避，有些則欣然接受；自然，擁有後者的上司或經營者是極爲幸運的，所以爲人下屬應有接受叱責的度量和態度才行。如果當上司責罵屬下時，就板著一副極不悅的臉孔，則兩者的關係必然會惡化；一旦讓上司樂於去指點責罵屬下時，不僅上司本身心情會比較愉快，屬下方面也會因此而受到磨練，只可惜像這樣的屬下已經很少了。」

檢討

□即使挨上司的責罵也不會耿耿於懷。

□使上司責罵屬下時不會感到爲難。

□即使被叱責也不輕易鬧彆扭，而且心存感激地反省。

3

改變觀點

將上司視為負面教師來對待

若以學校來作爲比喩，則上司就好比是老師，而屬下即是學生。不過，也有人對此論調提出反對的意見。

「除非有特殊的狀況，否則一般而言，學校的老師都比學生來得知識豐富且卓越，因此學生往往如沐春風般地在老師的教導下成長。但倘若老師沒有比學生優異的話，那又會是個什麼樣的局面呢？」

「答案相當簡單。因爲學生不能受到老師的指導，自然無法學習事物而阻礙了成長—是不是？」

「沒錯。這答案很正確，I課長即是個最典型的例子；通常在這樣的狀況下，將上司比喩爲老師是非常不正確的，因爲根本沒有什麼可供學習和被教導的地方。」

其實屬下所說的這些話多有偏差，以教與學的立場而言，雖與老師（上司）的資質有相當密切的關係，但是學生（屬下）接受指導的意願與態度也十分地重要。認爲只有比自己更偉大傑出者才夠資格教導及引以學習之想法，實在大錯特錯，因爲比自己差的人也有可供學習的地方，其關鍵則在於自我的學習之心罷了。

「以那麼不認真的態度去工作，當然會有所失敗與過錯。」

「由於没改變傲慢的態度，所以屬下才不服從！難道你不知道要股長一個人來完成工作是很困難的嗎？」

「課長最大的毛病就是往往公私混淆不清，如果不加以控制，則早晚一定會被辭職。」

對於這種不是很有能力的上司，倘若屬下能改變一下觀念，就可以產生警誡（負面教師）的效果。

檢討

□瞭解任何人都有值得學習的長處。

□即使上司不是很能幹，也不會感到太失望。

□瞭解上司的短處，引以爲鑑（負面教師）。

以配合上司的方法去接觸上司

屬下與上司往往是朝同一方向而前進，所以必須如兩人三腳般同心協力的相互扶持。通常屬下必須依上司所主導之形態去辦事，所以如果與上司不投機，想法不一致，則容易陷入苦惱的深淵。即使討厭上司，只要能稍微改變一下接觸的方式，則尚能勉强地站在同一崗位上。因此，要徹底改變與上司的關係，高明的接觸手段就具有極大的價值了。

這便是依靠配合上司而去接觸他的方法，亦是與上司保持良好人際關係的方法，在尚未達到顯著的效果及熟悉的程度之前，不妨參考以下所列的幾個例子。

①自我表現激烈的上司

有自信且自傲，喜歡有聲有色夠氣派的場面，在會議的場合或與他公司交涉時相當活躍，予人精明且能幹的印象。因此，如果順利，則極有發展而高任重職。對應這樣的上司，必須裝出你很忠誠，且對於他所做的事都能大力的讚美，如此一來，他必定對你印象良好。倘若能加以巧妙的奉承及適切的阿諛，他必然會採納你的意見。

②感情起伏不定的上司

這種上司的特徵是往往只有三分鐘的熱度就會冷卻，且會因爲感情的轉變而影響言行，所以常令人無法理解其內心的想法而無所適從。不會關懷他人的心情，也不太負責任。與這類型的上司相處時，避免太過認真的對應，且避免與其嘔氣，否則吃虧者往往是自己。總之，切記不應該太過親切的交往，只要維持淡淡的關係就可以了。

③能言善道的上司

即是能說善辯，卻往往不會付諸行動的上司。往往將事情說得很完美且合乎邏輯性，可是內容空洞，多半只是一些誇大的言詞。所以，儘量避免和這種上司爭辯或議論，倘若不得已須聽其發表高論時，無論你多厭惡，也最好能以樂意的態度去聆聽，而後再一笑置之便是；同時也不要有反論，仍以平常心去交往。

④規規矩矩的上司

即諸事皆重規矩、無彈性，且思想古板者，連細節都顧慮得很周全，不喜歡粗枝大葉的態度，可說是個完美主義者，也是容易罹患精神官能症者，其位居高職的可能性不高。由於此類型的人決不允許懶散或應付了事的作法，所以連細節也會留意是否有錯誤。對於勤快地提出報告、連絡及書面資料者，則有極高的評價。

⑤畏上欺下的上司

處在畏懼上方，可是對屬下卻非常嚴厲的上司底下工作，是一件相當倒霉的事，其最討厭屬下的反抗。所以，面對這種上司，在表面上應該裝得很和順，凡事皆能按照其指示去進行。當然，像此類的上司其下屬是絕不可能敞開心扉與其交往的。

檢討

□顧及到配合上司的方法去執行任務。

□與上司接觸時儘量不引起風波。

□即使接觸的方式改變也不會喪失自主性。

投入上司的懷抱

有句俗話說「獵師不擊入懷之鳥」。亦就是指如果是自動飛到自己面前的鳥兒，獵師往往不忍擊之，而任其生存。人抑是如此，當他人有求於己時，無法殘忍地待之是人之常情。

如果，你始終對上司都沒有好感，則不妨參考前段所描述的心理策略，將自己比喻爲鳥投入上司的懷中試試看；更具體的說，就是下定決心將自己全部的想法都讓上司知道，或是去探索上司所掩飾的真意，表現出完全服從上司的態度等。

「原以爲自己能想出結論的，但後來發現實在沒那麼容易，所以在煩惱之餘想和經理商量。雖然我知道這麼做有點厚著臉皮，但仍希望能佔用經理的一些時間，反正今日我已下定決心要在您的面前出洋相了。事實上，是有關我私生活方面的一些問題……。」

「我早就想請教經理你的高見了。這是有關工作方面的問題，我想應該需要被指導的事情一定很多，我知道這很誇張，但仍想請教經理有關職業觀方面的問題……。」

「我已下定決心要改變想法與態度，並且以生命作賭注全力以赴的工作。所以，託付我更多的工作吧！以後我絕不會拒絕加班，同時對被指定的工作內容也不會有所不滿的。」

當面對屬下這麼誠懇的態度時，上司必定會敞開心扉的接納。

「原來你有那麼多嚴重的煩惱，不過我非常高興你能夠不顧慮面子與我商量。好，我會儘可能地協助你的。」

「好，我們慢慢地討論吧！」

「真的下定決心了嗎?可不要口是心非喔！」

總之，所謂的投入公司的懷中，即意味著放棄對上司的敵意、拉攏上司，成爲其推心置腹的對象。

檢討

□儘量排除對上司的敵意。
□拉攏上司站在你的立場。
□試著投入上司的懷抱。

向上司毛遂自薦

通常，當屬下與討厭的上司接觸時，總是消極的應付，而且總想儘量地逃避與其相處，這種態度即使不表明也能夠傳染給對方，結果導致彼此的感情愈來愈淡化。

「J君，爲何你一直無法提高工作意願呢？這樣下去你會被其他同事冷落而孤立化的。」

「你爲何總是心事重重的樣子呢？若有什麼問題大可痛痛快快明明白白地表示，真不知道你究竟在想些什麼！」

「你說你没有自信完成這份工作，那爲何在事前不提早告訴我呢？這種工作本來就是屬於我們所擅長的領域，現在才說你無法勝任……。這實在令人感到相當困擾呀！」

由於與上司之間的關係無法保持融洽，因此雖有强烈的工作意願，仍常會被誤認爲是不滿份子或無能力者，如果上司一直對你懷有這種錯覺，則誤解會更加嚴重，即使你有多優秀的能力，也會被埋沒的。

爲了克服這種惡性循環，所以不論上司是好是壞，屬下都應該强打起精神積極的自我宣傳才是。

・提高自我形象

依靠目前最流行的個人企業形象（Corporate Identity），來强調你的想法、特性、意願等，試著與上司建立新的關係。如果能獲得上司的賞識，則必然能得到許多的照顧和發展的機會。

・提出與眾不同的自我申告書

如果只因爲討厭上司的理由，而成爲公司內部被冷落者，那實在是非常愚蠢的行爲啊！試著將你的目標、想法、自信和對公司或上司有哪些貢獻等的計劃，進行多次的申告，遲早必定會被上級所賞識的。

・提高業績

拋棄對上司的偏見，想著是爲了自己而認真奮鬥，以業績來提升自我的存在感，如此才能在國人企業形象的加强及自我申告之外，又增益附加價值。

•工作以外的部分也要傑出

由於時勢所趨，成效業績最爲人所重視。儘可能地發揮你的專才與本領，相信必會得到上司的器重。

檢討
- □努力作自我宣傳以發揮長才。
- □考慮提高存在價值的各種手段。
- □認爲向上司毛遂自薦是重要的。

控制對應上司的感情

人之所以有感情乃是因爲對應外界的刺激而引起了反應作用，在心中所產生的主觀的印象。

感情源於豐富的感性，是人類進化的原動力之一。卻也是成爲各種糾紛及使人痛苦

感情的種類和分類

層	分類	種類
1	依據肉體上的刺激、是屬於感覺性的感情。	快感、痛苦與不快感。
2	全身都可以感受到的生命情感。	充實感、倦怠感、緊張感、自卑感。
3	一般性稱為感情的部分。	喜、怒、哀、樂、愛心、羞恥、憎恨、恐懼、嫉妒
4	形而上學性質的感情。	宗教形式的喜樂、平安、至福。

（參考自馬克斯·謝勒的分類法）

的根源。諸如此類的利害關係，在我們的生活範疇中息息相關，正如我們所經常接觸到的偉大的藝術（音樂、繪畫、文學等）一般，總能由其中得到無比的喜悅與感動。

但相反地，也可能因爲偏見或誤解，而使得人際關係破裂。因此，感情對人類而言真是猶如雙刃之劍啊！

人都是有感情的動物。因此，在目前這麼複雜的社會或由多數人共同工作的公司組織裡，則必須要學習如何控制好這難以對應的感情問題才行，不然將無法去適應多變的生活環境。

尤其，人常會以主觀的態度去評斷各種事情，爲避免這種困擾的產生則必須學習凡事要以客觀且熟慮的心態去面對與反省。

假定和上司的關係不合，只是因爲一些

芝麻綠豆的小事，那不妨靜下心來，控制一下激動的感情、重新觀察上司看看（試著再恢復成一張白紙）。

•是否有偏見

關於上司的形象問題，如果屬下只依上司過去的實績或是他人之評估而做片面之見解，抑或忽略上司的意見、辯解等的看法，則常會犯下大錯，應試著將雙方的見解重新作評斷。

•是否有先入為主的觀念

以第一印象或傳聞來決定上司的形象的觀念與知識是不正確的，如此並無法掌握目前上司真正的想法和爲人。

•是否有誤解

試著再一次確認關於上司所令人討厭的地方，因爲人與人之間往往容易產生想錯、聽錯、看錯或說錯等的情形。

•是否曾盲目地表示拒絕或反感

也就是一旦產生厭惡之情後，便無法再喜歡對方。認爲上司一切都很差勁、對其言行不理不睬，不過這樣一來損失最重的仍是屬下。

•是否有耐心

不論多討厭上司也都要加以忍耐，此舉並不悲觀，因爲這是生活在這世界上所必須具備的涵養。或許，在忍耐的過程中，自然就淡化掉討厭的因素而加以接受了。

檢討

□儘量以多重角度的心態去觀察事物。

□努力培養控制感情的方法。

□常對事物重新檢討而不會猶豫不決。

4 有時必須將自我置之度外

不應太過於執著自我

「股長總是只顧慮到自己，根本沒有考慮到屬下——他這種太自我本位的作風、實在令人無法欣賞。」

「如果課長說是白，然假定事實是黑，他仍是堅持白的態度，則實已太過於頑固且執著了。」

「經理所交待的方法根本就是錯誤，可是他卻仍堅持他所提出的這個方法，但其後果代價卻要我們負責，實在太過分了。」

以上都是有關屬下對上司本身太過執著的毛病所說的批評。可是若仔細想想，便會發現雖屬下批評著上司，但背地裡不也過分地執著於自己的想法，而令人覺得好笑嗎？既然瞭解與上司無法投緣的原因，是因爲互相對自我過於執著的心情所造成，因此，自然必須由屬下這方先排除心結才是。

排除執著的第一步驟便是好好地自我反省。其主要對策就是必須澈底反省自我的想法、價值觀、主張、知識、學歷、擅長、特殊專才、自尊心等等，看看是否適合於周遭的環境，且應加以排除處事上的錯失與過於自傲的態度。

其二，便是於前曾多次提及的，必須站在上司的立場多爲其想想，倘若一直堅持自己的想法，認爲與上司之間的嫌隙再也無法彌補的話，則情況將不會有所改善。

其三，去尋找和上司的共通點或利害一致的出發點，其餘的就將它們置之度外了。

由於懷著這樣積極的態度，與上司不投緣或是想法不一致的地方，必定可以逐漸地改善。

檢討

□儘量不批評與責難上司。

□在開口說出自己的想法之前，先判斷當時的場面適不適合。

□不誇大自己的能力。

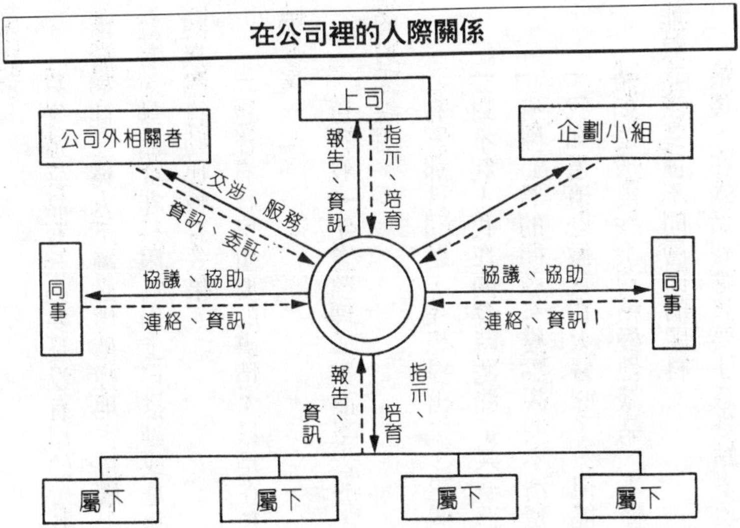

積極地對談

如果現在還期望著能以「心照不宣」的表達方式來傳遞訊息，則可真是太落伍的觀念了。

據說，在年輕一輩中，年齡只差五歲，價值觀便完全互異；因此，年長者與新新人類可說宛如異國人一般，觀念與溝通上都有代溝，所以「談開後便可彼此了解」已經不是那麼地絕對了，更何況是「心照不宣」的方式啊！

上司與屬下之間雖不比異國人在溝通上來得那麼困難，但是彼此的價值觀差距頗大，因此也必須做充分的交談，以了解彼此間的差異。通常，對談的次數與理解的程度，和對言的次數與人際關係之間的程度成正比例。

只知道談話有其必要是沒有用的，若茫然地等待對方來找你交談也是不正確的態度；由於如此，爲人下屬必須積極地去接觸上司，倘若希望上司主動來接觸你則已本末倒置。其實，談話並非只限於向上司搭訕或是找上司說說話而已，廣義而言，應該要採取更密切的接觸行動比較有效果。

「也沒有什麼重要的事情，只是在K社有聽聞一些消息，因此想向你報告，提供給你做參考。」

「以後我一定會整理成書面報告的，但今日適巧經過您的辦公室，所以順便做個簡單的過程說明。」

「有關那件問題，我想提出二、三個質問，是否能打擾一下？」

「對不起！我在開會時聽漏了某一部份，可不可以麻煩您再告知。……」

「有關L君的問題有幾點說明不清楚，所以我想做補充說明，可以嗎？」

「我知道這麼做實在太冒昧了，但能否請您接受？」

諸如這般能找上司積極地談話、不僅可以把話題擴大到不須緊急處理的範圍，同時也能與其談各種不同層面的題材。

最後，在談話時應該要注意幾點事項：

• 爲了要改善人際關係，注意不要有爭論。
• 談話中如果有自我主張或宣傳，往往會得到負面的效果。
• 避免有盛氣凌人的態度，且以開朗的態度去接觸。
• 不要想太多，也不要太執著己見。
• 即使被輕視或忽略，也不要感到挫折。

檢討

□充分了解有關人際關係之間的談話是非常重要的。
□顧慮避免去忽略人際關係。
□儘量主動找對方交談。

以三個月的時間，嘗試完全改變你自己

一旦和上司之間的關係已經惡化到進退維谷的時候，除了採取果斷的措施之外，別無他法，但也不能保證在採取措施後兩人的關係能完全地恢復正常，不過話雖如此，至少强

過都不設法改善而天天過著不愉快的日子。

「我在指上戴的並不是訂婚的戒指啊！而是想著能夠打課長耳光時用的。就像是回憶孩提時代的情景一般，將戒指做緊一點，打人時自己也比較不會痛或因太鬆而脫落。」

「我從三個月前便一直坐火車上班，原因是爲了避免每早與副理碰面，可是這樣一來自己所負擔的差額就比較昂貴，因此零用金便相對地減少，故每回看見月票，心中就十分憤慨。」

「我老早就寫好辭呈放在公事包中了，等到統一發票中頭獎的當天，便將其抛在經理的桌上……。可是除了第七獎外，這願望一直沒有實現。所以現在心情愈來愈沮喪，於是改變心意，只要中第二獎我也要提出辭呈。」

其實，一旦屬下有這麼大的煩惱時，可能已遭到相當大的衝擊，而令人同情。但是諸如刮耳光或辭職一類的事，非到最後關頭，是不可能實踐的。但是，若想要反敗爲勝或是散散心消愁解悶，則可採取如下因應的措施：

- 以三個月的期限，絕對服從上司的命令。
- 以三個月的期限，按上司的指示工作。
- 以三個月的期限，不辭勞苦的工作。
- 以三個月的期限，不埋怨也不頂嘴。

•以三個月的期限，詳細記載日誌。

總之，無論如何一定要咬緊牙根努力奮鬥，由此必能獲得許多的益處。由於你也無法斷定上司對你的態度是否會轉變，因此多少對解除內心的壓力有頗大的幫助。

檢討

□試著將想法完全地改變。

□有時嚐試把過去遺忘，並且重新出發。

□徹底忘記自我而努力奮鬥。

將自己的功勞歸於上司

通常，屬下送給上司最好的禮物，絕大部份都與工作與升遷有關係。

在公司或其他組織裡，爲了使上司感到有面子，往往會將工作完成的功勞全都歸於上司，這點是極爲普遍化的模式。而且，讓上司居功的行爲都是按照順序大小決定，任誰都有可能輪到，所以對此舉並不會有太强烈的排斥或抵抗感。但如果太堅持己見，意氣用事而成爲特異份子，則將會使上司惱怒。

尤其是在與上司的關係不太融洽時，卻要將自己的功勞歸於上司，難免心有不甘。但若換個角度想想，一旦你歸予上司的功勞愈多，則上司的升遷就愈快，那麼，上司自然也會考慮到你的用心，而盡力的提攜你。

「這次工作能夠順利的完成，全都是經理您一個人的功勞，我不過是幫點小忙罷了。」

「由於您的協助，終於把貨品都交待清楚了。這次倘若沒有得到股長您的提醒，可能無法順利地接受這批訂貨。」

「以經理您的名稱來進行提案，則被採納的機會較大，所以請您這樣做吧！」

假使屬下一直以這種誠懇的態度來使上司增光，不論多傲慢的上司也會被其誠心所感動的。

雖然與工作沒有直接的關連，但是仍常會討論著有關節慶時是否應該送禮的問題。大部份的上班族都是廢除送禮習慣的贊成者，但是在此習慣根深蒂固的公司裡，雖然心中並不太願意，仍必須顧及到許多現實的狀況而無法避免。

總之，送禮或不送禮的問題，可以由公司同事大家一同來決定。

檢討

□在公事上儘量滿足上司的自尊心。

□和上司的關係不太融洽時，更應將功勞都歸予上司。

□雖與工作無關，也可適當地迎合上司的心情。

研究爭論的方法

上司與屬下都是有感情的人，所以，會引起爭論的情形實在不勝枚舉，而且發展成爲真正吵架的例子也不少。但，吵架後仍能和好如初的情況，則恐怕只有小孩子才會如此——如果換成是上班族（大人）；尤其是上司與屬下之間的關係時，吵架只會徒增彼此感情的惡化。

一旦發生口角，由於上司職位高，顯而易見地輸者肯定是屬下這一方。因此，當感覺快發生口角時，千萬得耐著性子別受上司的挑釁，最好很識相的退讓，這才是高明的作法。正所謂「塞翁失馬焉知非福」就是這個道理。唯有聰明的處事方法與忍耐的個性，才能獲得上司的賞識。

「我說話太衝動了，真是對不起！請您忘記我曾說過的這些話吧！」

「我實在不應該惹課長您生氣的，今後我會仔細思考後再採取行動。」

雖說應儘量避免與上司吵架，但也有例外的情況。譬如對上司、公司或公司職員有損害時，或有不利的行動且已經採取時，為了要阻止其行為，則免不了要動口角。不過，這麼做肯定會有支援者協助你，自然便不會輸了立場（如此一來上司必然會收斂）。

其實，公司（工作場所）本身就是一種閉鎖的社會，所以自然會同學校一般有強侵弱的情況產生，雖並非每個公司都會有這種問題發生，但只要是人類的集團，就免不了會有這些情形。可是我們必須能區別叱責與培育的不同，而採取個別的對應措施。

「你最近好像都没有活力啊！同時，你報告總是口齒不清，含意模糊，如果繼續這樣下去而没有改善，怎麼會有進步呢？以後你乾脆每早都到公園大聲朗讀十次社訓好了，反正開會時你都寡言不語的，不參加也没有什麼影響。」

「M君，你實在太吹毛求疵了！凡事都要求完美，自然不錯，但是也應該要區別在不同的TPO（時間、地點、場合）時，必須先做或是不應該做的事，否則什麼事也不能完成。總之，今後只要求八十分就好，絕不再要求滿分了，你若仍執意過度地追求完美，屆時我一定會加以勸阻的。」

「你最大的缺點就是抓不著要領，所以我才派你與N先生一同辦事，你應該好好把握機會多向他學習處事的能力才是。」

當然，第一個對話的例子可看得出來是在欺侮屬下，但是第二、三個例子則有培育人才的想法。

而預防遭欺侮的手段有如下幾點：①瞭解欺侮者的個性，多加注意（例如以自我爲中心的上司、完全沒有關懷之心的上司、任性的上司、只會討好上級的上司等）、②避免有被欺侮的原因（完全没有反應、没有自己的意見、動作太遲鈍等）、③偶而表現出你很憤怒，若再如此一定會採取報復行動的姿態等。假使如此，情況仍未改善而繼續遭到不公平的欺侮，則到完全無法容忍時，再毅然決然的提出異議，要求停止這種不合理的行爲，相信上司會因此而收斂、改善態度的。

檢討

□避免和上司發生口角。

□如發生口角時，也應顧慮到上司的面子。

□毅然決然的反抗上司。

作者簡介　秋元隆司

一九三二年生於神户市。

一九五六年畢業於慶應義塾大學法學院。曾當過上班族、也經營過公司、目前則自營一家「秋元經營勞務管理事務所」。除此之外，並擔任幾家公司的監查員和顧問、也從事中小企業的經營諮商、員工教育；同時，還執筆著作與四處演講。

著作包括『報告與連絡的五十條法則』、『使工作高明之良策』（以上由PHP研究所出版）、『當管理者必備之書籍』、『〈中堅、中小企業〉能成功建立的公司』（以上由鑽石出版社出版）、『培育部屬的五十條法則』、『想要統理屬下請閱讀此書』（以上由日本能率協會出版）、『管理能力倍增的要點』（以上由產業能率大學出版）等等，種類繁多。

• 法律專欄連載 • 電腦編號 58

台大法學院 法律學系／策劃
法律服務社／編著

①別讓您的權利睡著了[1]	200元
②別讓您的權利睡著了[2]	200元

• 秘傳占卜系列 • 電腦編號 14

①手相術	淺野八郎著	150元
②人相術	淺野八郎著	150元
③西洋占星術	淺野八郎著	150元
④中國神奇占卜	淺野八郎著	150元
⑤夢判斷	淺野八郎著	150元
⑥前世、來世占卜	淺野八郎著	150元
⑦法國式血型學	淺野八郎著	150元
⑧靈感、符咒學	淺野八郎著	150元
⑨紙牌占卜學	淺野八郎著	150元
⑩ＥＳＰ超能力占卜	淺野八郎著	150元
⑪猶太數的秘術	淺野八郎著	150元
⑫新心理測驗	淺野八郎著	160元

• 趣味心理講座 • 電腦編號 15

①性格測驗１	探索男與女	淺野八郎著	140元
②性格測驗２	透視人心奧秘	淺野八郎著	140元
③性格測驗３	發現陌生的自己	淺野八郎著	140元
④性格測驗４	發現你的真面目	淺野八郎著	140元
⑤性格測驗５	讓你們吃驚	淺野八郎著	140元
⑥性格測驗６	洞穿心理盲點	淺野八郎著	140元
⑦性格測驗７	探索對方心理	淺野八郎著	140元
⑧性格測驗８	由吃認識自己	淺野八郎著	140元
⑨性格測驗９	戀愛知多少	淺野八郎著	140元

⑩性格測驗10	由裝扮瞭解人心	淺野八郎著	140元
⑪性格測驗11	敲開內心玄機	淺野八郎著	140元
⑫性格測驗12	透視你的未來	淺野八郎著	140元
⑬血型與你的一生		淺野八郎著	140元
⑭趣味推理遊戲		淺野八郎著	160元
⑮行為語言解析		淺野八郎著	160元

・婦 幼 天 地・電腦編號 16

①八萬人減肥成果	黃靜香譯	180元
②三分鐘減肥體操	楊鴻儒譯	150元
③窈窕淑女美髮秘訣	柯素娥譯	130元
④使妳更迷人	成　玉譯	130元
⑤女性的更年期	官舒妍編譯	160元
⑥胎內育兒法	李玉瓊編譯	150元
⑦早產兒袋鼠式護理	唐岱蘭譯	200元
⑧初次懷孕與生產	婦幼天地編譯組	180元
⑨初次育兒12個月	婦幼天地編譯組	180元
⑩斷乳食與幼兒食	婦幼天地編譯組	180元
⑪培養幼兒能力與性向	婦幼天地編譯組	180元
⑫培養幼兒創造力的玩具與遊戲	婦幼天地編譯組	180元
⑬幼兒的症狀與疾病	婦幼天地編譯組	180元
⑭腿部苗條健美法	婦幼天地編譯組	150元
⑮女性腰痛別忽視	婦幼天地編譯組	150元
⑯舒展身心體操術	李玉瓊編譯	130元
⑰三分鐘臉部體操	趙薇妮著	160元
⑱生動的笑容表情術	趙薇妮著	160元
⑲心曠神怡減肥法	川津祐介著	130元
⑳內衣使妳更美麗	陳玄茹譯	130元
㉑瑜伽美姿美容	黃靜香編著	150元
㉒高雅女性裝扮學	陳珮玲譯	180元
㉓蠶糞肌膚美顏法	坂梨秀子著	160元
㉔認識妳的身體	李玉瓊譯	160元
㉕產後恢復苗條體態	居理安・芙萊喬著	200元
㉖正確護髮美容法	山崎伊久江著	180元
㉗安琪拉美姿養生學	安琪拉蘭斯博瑞著	180元
㉘女體性醫學剖析	增田豐著	220元
㉙懷孕與生產剖析	岡部綾子著	180元
㉚斷奶後的健康育兒	東城百合子著	220元

・青春天地・電腦編號17

①A血型與星座	柯素娥編譯	120元
②B血型與星座	柯素娥編譯	120元
③O血型與星座	柯素娥編譯	120元
④AB血型與星座	柯素娥編譯	120元
⑤青春期性教室	呂貴嵐編譯	130元
⑥事半功倍讀書法	王毅希編譯	150元
⑦難解數學破題	宋釗宜編譯	130元
⑧速算解題技巧	宋釗宜編譯	130元
⑨小論文寫作秘訣	林顯茂編譯	120元
⑪中學生野外遊戲	熊谷康編著	120元
⑫恐怖極短篇	柯素娥編譯	130元
⑬恐怖夜話	小毛驢編譯	130元
⑭恐怖幽默短篇	小毛驢編譯	120元
⑮黑色幽默短篇	小毛驢編譯	120元
⑯靈異怪談	小毛驢編譯	130元
⑰錯覺遊戲	小毛驢編譯	130元
⑱整人遊戲	小毛驢編著	150元
⑲有趣的超常識	柯素娥編譯	130元
⑳哦！原來如此	林慶旺編譯	130元
㉑趣味競賽100種	劉名揚編譯	120元
㉒數學謎題入門	宋釗宜編譯	150元
㉓數學謎題解析	宋釗宜編譯	150元
㉔透視男女心理	林慶旺編譯	120元
㉕少女情懷的自白	李桂蘭編譯	120元
㉖由兄弟姊妹看命運	李玉瓊編譯	130元
㉗趣味的科學魔術	林慶旺編譯	150元
㉘趣味的心理實驗室	李燕玲編譯	150元
㉙愛與性心理測驗	小毛驢編譯	130元
㉚刑案推理解謎	小毛驢編譯	130元
㉛偵探常識推理	小毛驢編譯	130元
㉜偵探常識解謎	小毛驢編譯	130元
㉝偵探推理遊戲	小毛驢編譯	130元
㉞趣味的超魔術	廖玉山編著	150元
㉟趣味的珍奇發明	柯素娥編著	150元
㊱登山用具與技巧	陳瑞菊編著	150元

・健康天地・電腦編號18

①壓力的預防與治療	柯素娥編譯	130元
②超科學氣的魔力	柯素娥編譯	130元
③尿療法治病的神奇	中尾良一著	130元
④鐵證如山的尿療法奇蹟	廖玉山譯	120元
⑤一日斷食健康法	葉慈容編譯	120元
⑥胃部強健法	陳炳崑譯	120元
⑦癌症早期檢查法	廖松濤譯	160元
⑧老人痴呆症防止法	柯素娥編譯	130元
⑨松葉汁健康飲料	陳麗芬編譯	130元
⑩揉肚臍健康法	永井秋夫著	150元
⑪過勞死、猝死的預防	卓秀貞編譯	130元
⑫高血壓治療與飲食	藤山順豐著	150元
⑬老人看護指南	柯素娥編譯	150元
⑭美容外科淺談	楊啟宏著	150元
⑮美容外科新境界	楊啟宏著	150元
⑯鹽是天然的醫生	西英司郎著	140元
⑰年輕十歲不是夢	梁瑞麟譯	200元
⑱茶料理治百病	桑野和民著	180元
⑲綠茶治病寶典	桑野和民著	150元
⑳杜仲茶養顏減肥法	西田博著	150元
㉑蜂膠驚人療效	瀨長良三郎著	150元
㉒蜂膠治百病	瀨長良三郎著	180元
㉓醫藥與生活	鄭炳全著	180元
㉔鈣長生寶典	落合敏著	180元
㉕大蒜長生寶典	木下繁太郎著	160元
㉖居家自我健康檢查	石川恭三著	160元
㉗永恒的健康人生	李秀鈴譯	200元
㉘大豆卵磷脂長生寶典	劉雪卿譯	150元
㉙芳香療法	梁艾琳譯	160元
㉚醋長生寶典	柯素娥譯	180元
㉛從星座透視健康	席拉・吉蒂斯著	180元
㉜愉悅自在保健學	野本二士夫著	160元
㉝裸睡健康法	丸山淳士等著	160元
㉞糖尿病預防與治療	藤田順豐著	180元
㉟維他命長生寶典	菅原明子著	180元
㊱維他命C新效果	鐘文訓編	150元
㊲手、腳病理按摩	堤芳郎著	160元
㊳AIDS瞭解與預防	彼得塔歇爾著	180元
㊴甲殼質殼聚糖健康法	沈永嘉譯	160元
㊵神經痛預防與治療	木下眞男著	160元
㊶室內身體鍛鍊法	陳炳崑編著	160元

㊷吃出健康藥膳	劉大器編著	180元
㊸自我指壓術	蘇燕謀編著	160元
㊹紅蘿蔔汁斷食療法	李玉瓊編著	150元
㊺洗心術健康秘法	竺翠萍編譯	170元
㊻枇杷葉健康療法	柯素娥編譯	180元
㊼抗衰血癒	楊啟宏著	180元

・實用女性學講座・電腦編號 19

①解讀女性內心世界	島田一男著	150元
②塑造成熟的女性	島田一男著	150元
③女性整體裝扮學	黃靜香編著	180元
④女性應對禮儀	黃靜香編著	180元

・校 園 系 列・電腦編號 20

①讀書集中術	多湖輝著	150元
②應考的訣竅	多湖輝著	150元
③輕鬆讀書贏得聯考	多湖輝著	150元
④讀書記憶秘訣	多湖輝著	150元
⑤視力恢復！超速讀術	江錦雲譯	180元

・實用心理學講座・電腦編號 21

①拆穿欺騙伎倆	多湖輝著	140元
②創造好構想	多湖輝著	140元
③面對面心理術	多湖輝著	160元
④偽裝心理術	多湖輝著	140元
⑤透視人性弱點	多湖輝著	140元
⑥自我表現術	多湖輝著	150元
⑦不可思議的人性心理	多湖輝著	150元
⑧催眠術入門	多湖輝著	150元
⑨責罵部屬的藝術	多湖輝著	150元
⑩精神力	多湖輝著	150元
⑪厚黑說服術	多湖輝著	150元
⑫集中力	多湖輝著	150元
⑬構想力	多湖輝著	150元
⑭深層心理術	多湖輝著	160元
⑮深層語言術	多湖輝著	160元
⑯深層說服術	多湖輝著	180元
⑰掌握潛在心理	多湖輝著	160元

⑱洞悉心理陷阱	多湖輝著	180元

・超現實心理講座・電腦編號 22

①超意識覺醒法	詹蔚芬編譯	130元
②護摩秘法與人生	劉名揚編譯	130元
③秘法！超級仙術入門	陸　明譯	150元
④給地球人的訊息	柯素娥編著	150元
⑤密教的神通力	劉名揚編著	130元
⑥神秘奇妙的世界	平川陽一著	180元
⑦地球文明的超革命	吳秋嬌譯	200元
⑧力量石的秘密	吳秋嬌譯	180元
⑨超能力的靈異世界	馬小莉譯	200元

・養 生 保 健・電腦編號 23

①醫療養生氣功	黃孝寬著	250元
②中國氣功圖譜	余功保著	230元
③少林醫療氣功精粹	井玉蘭著	250元
④龍形實用氣功	吳大才等著	220元
⑤魚戲增視強身氣功	宮　嬰著	220元
⑥嚴新氣功	前新培金著	250元
⑦道家玄牝氣功	張　章著	200元
⑧仙家秘傳袪病功	李遠國著	160元
⑨少林十大健身功	秦慶豐著	180元
⑩中國自控氣功	張明武著	250元
⑪醫療防癌氣功	黃孝寬著	250元
⑫醫療強身氣功	黃孝寬著	250元
⑬醫療點穴氣功	黃孝寬著	220元
⑭中國八卦如意功	趙維漢著	180元
⑮正宗馬禮堂養氣功	馬禮堂著	420元

・社會人智囊・電腦編號 24

①糾紛談判術	清水增三著	160元
②創造關鍵術	淺野八郎著	150元
③觀人術	淺野八郎著	180元
④應急詭辯術	廖英迪編著	160元
⑤天才家學習術	木原武一著	160元
⑥猫型狗式鑑人術	淺野八郎著	180元
⑦逆轉運掌握術	淺野八郎著	180元

⑧人際圓融術　　澀谷昌三著　160元
⑨解讀人心術　　淺野八郎著　180元
⑩與上司水乳交融術　　秋元隆司著　180元

•精 選 系 列•電腦編號25

①毛澤東與鄧小平　　渡邊利夫等著　280元
②中國大崩裂　　江戶介雄著　180元
③台灣•亞洲奇蹟　　上村幸治著　220元
④7-ELEVEN高盈收策略　　國友隆一著　180元
⑤台灣獨立　　森　詠著　200元
⑥迷失中國的末路　　江戶雄介著　220元
⑦2000年5月全世界毀滅　　紫藤甲子男著　180元

•運 動 遊 戲•電腦編號26

①雙人運動　　李玉瓊譯　160元
②愉快的跳繩運動　　廖玉山譯　180元
③運動會項目精選　　王佑京譯　150元
④肋木運動　　廖玉山譯　150元
⑤測力運動　　王佑宗譯　150元

•銀髮族智慧學•電腦編號28

①銀髮六十樂逍遙　　多湖輝著　170元
②人生六十反年輕　　多湖輝著　170元

•心 靈 雅 集•電腦編號00

①禪言佛語看人生　　松濤弘道著　180元
②禪密教的奧秘　　葉逯謙譯　120元
③觀音大法力　　田口日勝著　120元
④觀音法力的大功德　　田口日勝著　120元
⑤達摩禪106智慧　　劉華亭編譯　150元
⑥有趣的佛教研究　　葉逯謙編譯　120元
⑦夢的開運法　　蕭京凌譯　130元
⑧禪學智慧　　柯素娥編譯　130元
⑨女性佛教入門　　許俐萍譯　110元
⑩佛像小百科　　心靈雅集編譯組　130元
⑪佛教小百科趣談　　心靈雅集編譯組　120元
⑫佛教小百科漫談　　心靈雅集編譯組　150元

國立中央圖書館出版品預行編目資料

與上司水乳交融術/秋 元 隆 司著；陳 蒼 杰譯
——初版，——臺北市，大展，民85
面；　公分，——（社會人智囊；10）
譯自：上司が嫌になつたとき讀む本
ISBN 957-557-589-X（平裝）

1. 人際關係

177.3　　850022/32

JŌSHI GA IYA NI NATTA TOKI YOMU HON
written by Takashi Akimoto

Original Japanese edition
published by PHP Institute, Inc.
Chinese translation rights
arranged with Takashi Akimoto
through Japan Foreign-Rights Centre/Hongzu Enterprise Co., Ltd.

與上司水乳交融術　ISBN 957-557-589-x

原著者/ 秋元隆司
編譯者/ 陳 蒼 杰
發行人/ 蔡 森 明
出版者/ 大展出版社有限公司
社址/ 台北市北投區（石牌）致遠一路2段12巷1號
電話/（02）8236031·8236033
傳真/（02）8272069
郵政劃撥/ 0166955-1
登記證/ 局版臺業字第2171號

法律顧問/ 劉鈞男律師
承印者/ 高星企業有限公司
裝訂/ 日新裝訂所
排版者/ 宏益電腦排版有限公司
電話/（02）5611592
初版/ 1996年（民85年）4月
定價/ 180元

大展好書 好書大展

大展好書 好書大展